メンタル・コーチング

潜在能力を最高に発揮させるたったひとつの方法

元・北海道日本ハムファイターズ　ヘッドコーチ
白井一幸
Kazuyuki Shirai

PHP

I have had the pleasure of knowing Kazuyuki Shirai for 10 years. We first met in the United States and worked together with the New York Yankees organization. It's an honor to consider him my Japanese brother.

I believe one of the most important things for any leader is the ability to tell the truth. Integrity!!! Why do so many leaders feel a need to NOT tell the truth??

Shirai-san has that ability. He knows how to tell the truth. Some find it hard. He does not.

When we worked together with the Yankees I saw a man that had a passion for life and a love for the game of baseball. I also saw a person that had a wonderful gift of helping make every atmosphere better just by his presence in the room.

He worked very hard to communicate and improved his English skills with great speed. The players and all other coaches were drawn to him simply because he wanted to help everyone he was around get better.

Before I ever came to the Fighters Shirai-san was leading the minor league system and implementing things he learned from the Yankees as well as his own ideas on how to get the Fighters on the right track. He worked hard to communicate with coaches, players, and front office members to get things going in the right direction for the new Fighters.

I would work with Shirai-san anywhere, anytime. I would not have made it here in Japan without all his help and support. He never hesitates to disagree with me always talking "honne". But he always shows me the respect of making the final decision. He's not afraid.

My hope is that you will learn from this book. I wish it were written in my own language so I could read it along with you.

I'm honored to get to write this forward for my friend. We will be friends for a lifetime.

Sincere Regards,

Trey Hillman
Manager- Hokkaido Nippon-Ham Fighters

私は、白井一幸氏ともう10年来のおつきあいをさせていただいています。はじめて彼に出会ったのは、アメリカ。ニューヨーク・ヤンキース球団でともに働きました。以来、白井氏は私の誇れる“日本の兄弟”となりました。

私が信ずるところ、リーダーとしてもっとも大切なことは、真実を包み隠さず伝える才能をもつことであると考えます。必要なのは、「誠実さ」です。しかしなぜか、真実を伝えるのに躊躇し、苦労されているリーダーが多くいるように見受けられます。

偽りのない会話ができない人々が少なからずいる中、白井氏は実直であり、しかも真実を伝える術を心得ています。

ヤンキースでともに過ごした日々。彼には人並みはずれた野球への愛情と、生きる情熱がありました。また、彼は、そこにいるだけで場の空気を変え、雰囲気を明るくするという不思議な力がありました。

ヤンキース時代の彼は、周囲の人々と懸命に会話することを心がけ、目覚しいスピードで英語力を向上させていきました。選手たち、コーチ陣すべてが、チームに全力を尽くす白井氏の姿に心打たれ、彼の人柄に惹きつけられていきました。

私がファイターズに来る以前から、すでに白井氏は同球団の二軍監督としてその手腕を発揮していました。ヤンキースで学んだことや彼自身の理論を惜しみなくチームに注ぎ込み、ファイターズが確固たる方向性をもつことに尽力されたのです。コーチ、選手、フロントとのコミュニケーションをつねに絶やさず、ファイターズの新たな流れを築きました。

白井氏とは、この先もずっと一緒に仕事をしたいという気持ちです。彼の存在とサポートなしには、私は日本でここまでやってこられたはずもありません。彼はいつも本音で話をしてくれ、反対意見を述べることにも臆しません。同時に、監督である私が下した決断を最大限に尊重してくれます。彼には勇気があるのです。

本書から、読者の皆様がかけがえのないものを学ばれることを望みます。

この推薦文をわが友のために書かせていただけたことを誇りに思います。彼との友情は、生涯続くことでしょう。

北海道日本ハムファイターズ
監督　トレイ・ヒルマン

まえがき

二〇〇六年という年は、北海道日本ハムファイターズにとって特別な年になった。と同時に、私の人生にとってもひとつの大きな収穫というか、開眼の年になった。

球団にとって、四四年間なしえなかった日本一の座を手中にした喜びは、もちろん大きい。しかしそれ以上に、そこに到達するために、日夜、選手たち、スタッフたちとともに実践してきた「メンタル・コーチング」という指導法が、ひとつの実りにいたったという意味合いは、日本一の喜びにもまして大きかった。

私は二〇〇一年に同球団の二軍監督になり、二〇〇三年からは一軍のヘッドコーチになった。もちろん、「コーチ」になれば自動的に「コーチング」ができるわけではない。

「コーチ」（coach）とは一般的には、スポーツ競技などの技術指導者のことをいっているが、語源的には、箱型の大型四輪馬車や駅馬車（stagecoach）、ひいては乗り合いバスや客車を指す語だったという。

つまり、「乗客をその人の望む目的地まで連れていく」という意味合いがあり、そこから単なるスポーツ指導者の意味を超えて、「コーチング」の考え方が生まれたらしい。具体的には一九九〇年代のアメリカで生まれた社員育成技法であり、辞書などにも、「自分で考えて行動する能力を、コーチと呼ばれる相談役との対話の中から引き出す自己改善技術」などと定義されている。

私は、自分なりにこの「コーチング」を学び、実践してきた。また、アメリカのニューヨーク・ヤンキースでコーチをすることになった縁で、現監督のトレイ・ヒルマンにも出会うことになった。帰国して、ファイターズの二軍監督として、さらに一軍のヘッドコーチとして、この技法を実践に移していったのだが、そこにはもちろん一筋縄ではいかない紆余曲折があった。

そうした経緯の中で次第にはっきりしてきたのは、プロ野球の選手といえども、一人の組織人であり、目的を共有する集団（チーム）の一員であるという点では、まったく一般の企業社会に属する社員と同じであるということだ。

もともとが社員育成法として生まれた「コーチング」なのだから、当然といえば当然だが、私が選手たちとともにやってきたことは、多くの場合、一般の企業社会にも通じることだと痛感した。

もちろん、プロの企業人に高度な仕事上のスキルや、組織を貫く連携プレーが必要なように、プロ野球選手にも技術的に高い水準とチームワークが求められる。そうした指導は、もちろん徹底的になされなくてはならないし、実際に行なわれてきた。

しかしこのような指導が、日夜、一生懸命行なわれながら、なかなか効果を上げられないでいるケースも少なくない。

つまり、技術以前に「メンタル」な面で伸び悩んだり、勝てなくなっているケースが意外に多いのである。まさに「メンタル・コーチング」こそが、組織を強くするのに不可欠の条件なのだ。

この本は、そうした私の気づきの中で、チームを日本一にまで押し上げた選手たちとのさまざまなやり取りを思い返し、部下を指導する立場にある一般企業の人たちにも、参考になるかもしれないと思った経験を記したものである。

私自身、この本をまとめることで自分のやってきたことを検証し、今後の指導に役立てていきたい。その意味でも、読者の皆さんの忌憚のないご意見・ご感想をお待ちしたいと思う。

メンタル・コーチング◎目次

第1章　一生懸命なのになぜ効果があがらないのか
――ティーチングとコーチングのちがい

第2章 部下の自覚を引き出す働きかけ
——メンタル・コーチングの基本条件

第3章 部下の意欲を高める心理作戦
――個人を伸ばすメンタル・コーチング

第4章

中間管理職としてのコーチの役割

――組織を伸ばすメンタル・コーチング

第5章 チーム・コーチングが「個」を生かす

――チームを伸ばすメンタル・コーチング

装丁◎松昭教
撮影◎永井浩
編集協力◎株式会社アイ・ティィ・コム
本文デザイン◎朝日メディアインターナショナル株式会社

第1章 一生懸命なのになぜ効果があがらないのか

——ティーチングとコーチングのちがい

私とメンタル・コーチングの出会い

私が、メンタル・コーチングを学ぶことになったのには、その下地があった。
それは同じメンタルでも、コーチングではなく、「メンタル・トレーニング」というものとの出会いである。

実は、私は現役時代に、当時の野球選手としては珍しく、専門家に頼んで個人的にメンタル面での指導、いわゆる「メンタル・トレーニング」を受けていた。
メンタル・トレーニングに関心をもったのは、選手時代のあるとき、それまで快《こころよ》かった緊張感に、押しつぶされるような感覚を抱くようになってしまったからである。

アマチュア時代の私は、大きな試合や緊張する場面にめっぽう強かった。
緊張に強いというより、まさにこの緊張感が快かったのである。

おそらく、期日が決まっている試合に向けて調整し、その日がピークになるようなトレーニングを重ねていたからだと思う。

だから、緊迫した場面で、「この一瞬のために準備してきた」という心持ちで臨むことができた。当然、結果もそれに即していいものが出ていたから、この緊張感は自分にとっていやなものであるどころか、大変な財産でもあったのである。

ところが、プロになったら状況がちがった。毎日試合があるプロの世界では、アマ時代のように、たまにある試合に向けて緊張を絞り込んでいくというわけにはいかない。毎日毎日が緊張の連続である。そのために、私はあせって準備をしていた。

次第に、本番に使うべきエネルギーをなくすぐらい、準備に身も心も使い果たしていた。疲れてしまっているから結果は出ない、結果が出ないからさらに練習するという悪循環に陥っていたのである。とはいえ、練習が準備の唯一の拠りどころだから、練習量はどんどん増えていく。

怪我もあって、追い詰められたときに出会ったのが、メンタル・トレーニングだった。野球界では、こうした面での研究が遅れている。オリンピックの世界では常識になっているメンタル・トレーニングも、ほとんどなされていなかったのである。

アマチュア時代は中学・高校・大学といずれも、キャプテンを命じられ、リーダーとはどうあるべきかという問題への関心は高かった。

新しいことを取り入れることにも、わりと貪欲なところがあり、一九八四年の日本ハムファイターズ入団後、足を生かすために左打ちにも挑戦した。その後、プロ野球界では、珍しいというよりタブーにすらなっていた、ウェイト・トレーニングも積極的に取り入れ、その甲斐あって、左右打席本塁打も記録することができるまでになったのである。

ただ、入団四年後の一九八八年に足を骨折し、さらに一九九〇年に肩を手術するなどの試練が重なって、再起を期すためメンタル・トレーニングを受けてみる気になったのである。

怪我のあと一、二年はぐんと出場試合が減ったが、一九九一年には自己最高の打率〇・三一一でリーグ三位を記録することができ、最高出塁率賞に併せてカムバック賞も受賞することができた。

さらにいわせていただくなら、一九九四年五月一一日から九月二九日まで、五四五回の守備機会において連続無失策のリーグ記録をつくることができたのである。そして、この記録は二塁手として今でも破られていない。

いずれも、メンタル・トレーニングの効果を思い知らされた経験だった。

野球とちがってオリンピック選手などは、四年に一度しかないビッグイベントのために、予選を勝ち抜いてオリンピックの場にピークをもっていかなければならない。一五〇〇日という長いスパンでトレーニングを重ね、一瞬に勝負をかけるのである。

だから、イメージ・トレーニングを含めたメンタル・トレーニングに左右される部分が非常に多い。その他、栄養の面などでもかなり進んだノウハウが確立している。いわば、大部分のオリンピック選手は、そうしたことをすべてやり抜いた選手が出るべくして出ているのである。

ところが、今でも、野球界ではメンタル・トレーニングの重要性が認識されていない。だから、「ブルペンエース」とか「練習場での四番バッター」とか呼ばれる選手が存在するのだ。

メンタル・トレーニングを私に指導してくれたのは、福島大学人間発達文化学類教授の白石豊先生だ。白石先生は、筑波大学の大学院を修了されて以来、二十年以上にわたって数多くのスポーツ選手にメンタル面のアドバイスを行なっている。

先生から受けたメンタル・トレーニングについてはあとで詳述するが、この体験でいやというほど知らされたのが、「メンタル」の影響の大きさ、そしてそれをきちんと管理しようとする心理学的な方法の大切さだった。

従来は、仮にメンタルな要素が大きいといっても、単に「気のせい」とか、精神力で乗り切れといった、乱暴な考え方で片づけられていた。

現役時代は、それが個人の問題だったが、二軍監督やコーチをやるようになり、指導者として、組織の問題として、メンタルな要素が意識されるようになった。

「怒る」「教える」「やらせる」の逆効果

従来、常識とか定説になっていた指導法の最たるものが、「怒る」「教える」「やらせる」のスリーパンチである。実際、よくよく観察していると、この三つは追い打ちをかけるように選手を打ちのめし、ダメにするダメージパンチである。

前述の「ブルペンエース」や「練習の四番バッター」に対して、指導者はまず本番でダメだったことを、「またかよ。まったくしょうがないなー」と「怒る」。

そして、次には「何でお前がダメだったかというとだな……」と言って、たとえば「精神的に弱い」からだと指摘したり、「足をもっとあげるように」と「教える」。

それはもちろん正しい。しかし、そのあとに続く考え方がいけない。「あいつの心の弱さを鍛えるためにもっとしごいてやろう」「足をあげることに意識させて投球数を増やせ」といって、本人の心理状態を無視して「やらせる」のである。

たしかに、厳しい練習を課せば、厳しい練習に耐える忍耐力はつく。しかし、「忍耐力がつくこと」＝「緊迫した場面で力を発揮」になるか。答えは否だ。

もちろん、忍耐力のない選手には、忍耐力をつけるためのトレーニングが必要だろう。

それは、筋力のない選手は筋力をつけるトレーニングをし、瞬発力のない選手は瞬発力をつけるトレーニングをし、バランスを取るのが下手な選手はバランスを取るトレーニングをするというように、選手の弱いところを一つひとつカバーするトレーニングをするのと同じである。

しかし、力があるにもかかわらず、いざというときに力を発揮できない選手は、忍耐力がないから力を発揮できないでいるわけではない。だから、忍耐力をつけるトレーニングをしても何の意味もないのである。

一〇の力がついた選手でも、本番で五しか発揮できないのでは、まだ七の力しかないけれど、本番で七めいっぱい出せる選手に負けてしまうのである。

こういう本番に弱い選手には、ここぞというときに力を発揮してもらうための心理的な訓練、つまりメンタル・トレーニングが必要なのだ。

簡単にいえば、選手ごとにこういうことを考えていくのが「メンタル・コーチング」であり、「怒る」「教える」「やらせる」は、単なる「ティーチング」、教える側の都合や気分ばかりが優先される古臭いやり方といわねばならない。

コーチのがんばりが選手のやる気をそぐこともある

私は、アメリカ留学後の二〇〇一年に日本ハムファイターズの二軍監督になった。それまでのファイターズは、東京での二七年間で一回しかリーグ優勝していない。日本一には一度もなっていない。しかも、二年以上連続してAクラスになったのも二度だけだ。AクラスとBクラスをいったりきたりのチームだった。

当時の指導者ががんばらなかったかといえば、決してそうではない。指導者も選手も必死でがんばっていた。なぜがんばっているのに勝てないのか。それは、常勝チームのがんばり方ではなかったからではないかと考えた。

すなわち、がんばり方の方向性が間違っていた。否、間違いではないが、これまでのスポーツ界の常識である、「指示」「命令」「恫喝」「ティーチング」でがんばっていたのである。これは今でも野球界で行なわれている指導であるだけではなく、スポーツ界全体にもいえることだ。

どんなに優れた選手でもミスはつきものだ。まして二軍の選手ともなればエラーの連続も珍しくない。そのとき、選手は、怒れば怒るほど萎縮するものだ。そして、教えれば教えるほど、選手は自分の頭で考えなくなっていく。やらせればやらせるほど選手はサボる。

体を動かせば動かすほど苦しいからサボりたくなって当然だが、そうすると、今度は「サボったらあとがないぞ」と脅しが入っていく。

このような場合の指導者のがんばりは、選手がいやがろうがどうしようが、体を動かさせようというがんばりである。だから、選手の心はひいていくのである。

しかも、指導者が、教えることで選手を自分の思うような選手に仕立てようとすれば、選手は典型的な指示待ち族になってしまう。自信をもてないまま、孤独な心でグラウンドに出ることになるだろう。

こうしたティーチングと、コーチングは大きくちがう。コーチングとは、教えることではなく、選手がもっている能力に自ら気づくための手助けをすることだ。

選手が自発的に「やれる」と思えたときに、はじめて選手は自信をもってグラウンドに出ることができるのである。

そういう意味で、それまでの指導方法では、選手のやる気を引き出す指導をしていなかったことになる。つまり、ティーチングは、コーチが自分のもっているものを伝える行為だから、コーチ自身がもっている能力を超えたものを選手に伝えることができないのである。

フィギュア・スケートの指導者をみればわかるように、コーチたちは自分が四回転ジャンプや超人的なスピンができるわけではない。彼らは、ティーチングではなくコーチングをしているのだ。

私は、これまでの指導方法を変えなければいけないと考えた。どうしたら勝てるチームになれるのか。どのようにすれば選手がより大きく育つのか。今後考えられるすべての問題点を、数十ページものレポートにして球団に提出した。

二軍監督として新しいやり方を提案したのだから、風当たりも当然強かった。しかし、しっかりした宣言をし、まわりからの理解と協力を得てはじめて、コーチングを続ける指導ができると思ったのである。

「怒らない」「怒る」、どちらがストレス？

二軍の監督になって、こうしたことに気づいてきた私がまず試みたことは、選手のプレーの結果に対して「怒らない」ことだった。コーチたちにもこれを守ってもらうことにした。

長い間怒ることに慣れていたコーチは、最初戸惑ったと思う。選手がエラーをして帰ってくると、口では「ドンマイ、ドンマイ」と言いながら、顔は完全に怒っていた。

「ドンマイ、気にするな」と言っている顔を見れば目が釣りあがっているのだ。一回や二回のエラーならなんとかやっていても、度重なれば「ドンマイ」という心境になるのはたしかに難しい。

選手の中にもいろいろな選手がいる。いくら言っても練習をしない選手、プレーで萎縮してしまう選手、準備不足の選手とさまざまだ。何回言ってもできないこれらの選手に、思わず「ばかやろう」と怒鳴りたくなるのが人情だ。

そのうち、コーチから、怒らないのはストレスのもとだという声が出てきた。エラーした選手を怒らないことに耐えられなくなったわけだ。彼らは一斉に「そろそろ怒りましょうよ」と言ってきた。

しかし、私は、怒っている自分の姿を想像してみてほしいと言った。ある程度の年齢になって、青筋立てて怒ることが体にいいとは思えなかった。

怒れば血圧は上がり、ホルモンバランスは崩れ、自律神経の働きもおかしくなる。しかも、それでストレスが発散されたかといえばそんなことはない。

親が、子どもをひどく叱ったあと自己嫌悪に陥ることがある。それと同じで、人は感情的に怒りすぎると必ずあとで不快感にさいなまれるものだ。

ちょっと言いすぎたかなとか、人間関係が壊れてしまったかなとか考えて、修復することの労力を考えて憂鬱にもなる。

松下電器の創業者・松下幸之助さんは、部下を叱ったあと、家に電話をして奥さんに事情を話した。きっと落ち込んでいるから、明るく出迎えてやってくださいと言ったという。このようにあとのフォローをしなければならなくなるのである。

だから、怒ることがストレス解消になるかといえば決してそんなことはない。むしろ、怒るほうがストレスのもとになるのではあるまいか。

結局、怒っている最中には肉体的なストレスがたまり、あとで冷静になってからは精神的なストレスがたまる。怒ることにいいことなど少しもないのである。怒ることがあたり前になっていたから、怒らないことに最初は違和感があっただけなのだ。

それに、コーチのストレス発散のために怒られたのでは選手はたまらない。やる気を失うばかりだ。

この違和感を乗り越えて、コーチが怒ることをがまんしていれば、それをみた選手は変わる。萎縮せずにのびのびと一生懸命のプレーをみせるようになる。そうすればエラーの回数も減り、コーチは青筋立てながら「ドンマイ」と心にもないことを言わずにすむ。

結果的にストレスが減って、選手との信頼関係が強くなっていく。小手先のテクニックではなく、どこまで選手の力を引き出すことができるかという本物のテクニックが試されているわけだ。

そういう意味で、コーチの仕事は、本当に根気のいる仕事なのである。

そして、難しいのが、怒るコーチのほうがやる気のあるコーチだという周囲の評価だ。少年野球などで怒鳴り散らしている監督が多いのも、そうした評価がこわいからなのかもしれない。

しかし、それに負けて怒ってしまうと、選手との信頼関係は永遠に築けないと思う。極端な言い方をすれば、コーチは何もしていないように見えるのに、チームは強くなっているという状況が一番望ましいのである。

ミスに叱責は、もっとミスを生む

試合のあと、たとえば、「今日のおまえは最低だったな。二つもエラーしやがって、その上に三振！　何やってんだ。みんなに迷惑かけて……」といった具合に叱責の言葉が際限もなく続いたとする。

言われたほうはどんな気持ちがするかを考えてみていただきたい。

しかも、そこで「二つもエラーしたんだからこれからノックだ。一時間ノックだぞ」などと言われたとしよう。

選手の頭に去来するのはおそらく屈辱感とあきらめの心境だろう。

そして、はじめる前にまずやることはみんな同じだ。時計を見上げるのである。野球場にはたいてい、センターのバックスクリーンに時計がある。

ノックを命じられた選手はグローブをはめた手を下から上に持ち上げる前に時計を見て、ノック終わりの時間を確認するわけだ。

このときの選手は、エラーをしないようにしたいという、本来あるはずの練習目的はどこかに飛んでいってしまっている。目的は一時間終えることなのだ。

ノックというのは野球の練習ではもっとも厳しいトレーニングだ。最初の一〇分ぐらいは反省とともにがんばっても、次第に疲れてくる。

そうすると、ノックを何回こなすかよりも、時間の経過を待つことが先決になってくる。ではどうするか。選手は取れそうもない球に対してダイビングキャッチをするのだ。はたから見るとやる気のあるプレーかもしれない。しかし本音はダイビングキャッチをしてあえて転び、起き上がるときに一息入れたいからだ。そしてチラッと時計を見る。「ハー、まだ三〇分もか」というわけだ。

残りの三〇分は時間との戦いだ。終わることしか考えずにやるトレーニングで、技術が向上するはずがない。叱責ではじまったトレーニングでは、苦しくなったらがんばれないのである。

一般的なコーチングでは、批判すること、責めること、文句を言うこと、ガミガミ叱ること、脅すこと、罰することなどを外的コントロールという。

そして、外的コントロールで相手を変えられるという思い込みが、まちがいのもとであるとしている。たしかに、スポーツ界に限らず、会社でも家庭でも、外的コントロールが横行しているようだ。

しかし、がんばれるのは、自分で自分をコントロールしたときなのである。本当にやろうとしたときだけなのだ。やらされたトレーニングでうまくなるのは、起き上がるときの一息の入れ方と時計の見方だけだろう。

監督やコーチの目を盗んで、気づかれないように息を抜くことや時計を見ることがうまくなっても、エラーは決してなくならないのである。

しかも、こうした形で選手のミスを叱責したコーチは、ノックが終わってからさらに追い討ちをかける。

「今日一時間もノックしたんだから、明日は少しはうまくなっているんだろうな。絶対にエラーしないよな。明日は気合入れてこい」

こう言われた選手は心の中でつぶやくにちがいない。

「くたくたで明日は力が出ないよ」

そして、明日の試合で同じようなミスをしたらどうしようということばかり考えるようになる。明日ミスしたら、今度は二時間ノックを命じられるかもしれないなどと考えたら試合に出る気はしなくなる。

そんな気持ちで帰った選手は、エネルギーを取り戻すことができない。おそらく翌日はその日以上のミスを連発するのではないだろうか。

選手は、教えれば教えるほど、頭に入らない、やらせればやらせるほどサボろうとする。それは一般の人間心理だ。選手が自らやる気になるようにもっていくのがコーチの役割なのである。

ミスを一番気にしているのは本人

試合中にエラーが出た選手がいたとする。難なく取れるはずのゴロが飛んできて、それを取り損ねた。バッターはしめたとばかりに一塁に飛び込んでセーフだ。投げたピッチャーは、そのエラーがなければチェンジになって休めるはずだった。ものすごいショックを受けるだろう。「さあ次の回で挽回だ」と立ち上がりかけていた監督もコーチも、とんだ番狂わせにがっくりだ。

しかし、一番ショックを受けているのはピッチャーでも監督でもコーチでもない。エラーをした選手自身である。こんな大事なところでミスをしてしまってどうしようと思っている。

ミスはどんな仕事にもつきもので、会社でもどうでもいい書類ではなく、大事な契約書に限って紛失することがよくあるという。大事にしなければと思うあまり、いつもとはちがうところにしまいこんでしまったりもする。

ミスをしたとき、誰でも反省し、なんとか打開策を講じようとする。しかし、ミスをした本人のショックに思いをいたすことなく、叱責で迎えるコーチがあまりにも多い。

ようやくチェンジになってベンチに帰ってきた選手に、指示・命令・恫喝型の監督やコーチは、叱責で出迎え、その場でティーチングを試みる。

「バカヤロウ、大事なところでエラーしちゃったじゃないか」と叱責し、「一歩目のスタートが遅れたじゃないか。バウンドが合っていないのに、グローブが上から下へいっていたぞ。わかってるのか」と教えるわけだ。

選手は「はい」としか答えようがない。しかし、必死でボールを取ろうとしているときに、グローブがどちらにいっていたかなど覚えている選手はいない。こうなっていた、ああなっていたと言われても、頭に入っていない。

だから、次の回にそうならないように気をつけることもできない。こういうときの教えは何の役にも立たないのである。

そして、怒られたことですっかり萎縮した選手に、「今度エラーしたら承知しないぞ」と追い討ちの脅しをかけて、十分動揺させてからグラウンドに送り出す。

まるでエラーさせることが目的なのかと思いたくなる。

「気合を入れろ」とハッパをかけられて、「さあこい！」と、言葉だけは勇ましいが内心ではどうか。「飛んでくるな。ボールよ、こっちにくるな」と念じているのではないか。ミスして怒られて、脅しをかけられて送り出されるのだから、いいプレーができるわけがない。

飛んでくるな、飛んでくるなと念じているところにボールがさあきた。スタートは完全に遅れてしまう。後ろに体重がかかっている。バウンドが合わなくなる。手も足も出ない状態でまたエラー。

自分のチームのベンチに帰るよりも相手のベンチにいきたくなるような心境でベンチに帰ると、前よりも激しい叱責が待っている。「今度エラーしたら承知しないといったのに」というわけだ。

緊張と怖さですっかり萎縮してしまった選手は、打つにも打てない。「二回もエラーしたあげく、こんどは三振か」と、コーチの怒りは頂点に達してしまった。

コーチの一生懸命な気持ちは理解できる。しかし、コーチの仕事は怒ることでも教えることでもない。それをコーチの仕事だと思っているコーチがいかに多いことか。

少年野球でも、クラブ活動でも、叱れば叱るほど、教えれば教えるほど熱心ないいコーチという世間の評価も、そろそろ返上してもらいたいものである。

「質問」と「詰問」のちがいを知れ

というわけで、試合の最中の注意やティーチングが「百害あって一利なし」ということはおわかりいただけたと思う。ではどこで指導するのか。やはり、ものごとがはじまるのは試合が終わってからである。

そこで今日やってしまったミスの原因を分析するわけだ。しかし、ここでも多くのコーチは過ちを犯している。指導者が「ティーチング」を自分の仕事と勘ちがいしていることだ。

だから怒らずに冷静に話したとしても、こんな具合に話をもっていこうとする。

「今日のエラーは一歩目のスタートが悪かった、そうだよな」

「はい、そうです」

「それは、かかと体重になっていたからだ。それをつま先体重にすればいいんだよ。わかったな」

「はい」

「一歩目のスタートが遅れたからバウンドが合わなかったんだ。バウンドが合わないのに、グローブは上から下にいってたんだよ。これじゃ取れるわけないよな。グローブは下から上なんだよ」

コーチは一生懸命に教えている。その熱心さには頭が下がる。しかし、こうして何もかも教えてしまうと、選手は「はい」としか答えられない。そうすると、選手は自分の頭で考えなくなる。

こうした光景は、野球の練習ではよく見られる光景だ。バッティングコーチがバッティングゲージの後ろに立って一球一球教えている。

フライばかり打っていると、「もっと転がせ、たたくように打て」

つまっていれば、「つまっているからポイント前に出せよ」

前に出て泳いでいると、「ポイント呼び込んで打てよ」

そして、「もっと腰を回して、前に突っ込まないように、後ろ足に体重を残して腰を回して打つんだ」

後ろ足体重で必死に腰を回していれば、「腰が開きすぎだ」といった具合である。

結局どうなるか。選手は何もできない状態になる。ああすればこうしろ、こうすればああしろと言われたのでは、しまいにどうしたらいいのかわからなくなって当然だ。後ろ足に体重を残して腰を回して、しかも開かずになどという姿勢は絶対に取れないのである。

それではコーチはどうすればいいのか。それは選手自身に考えさせることだ。選手に質問をして、今日のミスの原因や問題点を答えてもらうのである。コーチにとって最重要な役割は、選手に考えてもらえる「質問」を用意することなのである。

しかし、これをいうと、また勘ちがいがおきることがある。

それは「質問」が「詰問」になってしまうことだ。たとえば、「おい、おまえ、今日、何でエラーしたんだよ。グローブどうだったんだよ。原因わかるか」「前に出なかったからエラーしたんじゃないか」「やる気があったか」は、「やる気がなかったように見えたぞ、どうだったんだ」と詰問口調で選手に対するわけだ。これでは、選手も素直に答えることができない。しかも、指示・命令・恫喝型で長年やってきているから、質問しているつもりでも、目は怒っていたり、表情が険しくなっていたりする。

コーチは、「詰問」でなく「質問」をしてほしい。そうすれば、選手の口から選手自身が分析した問題点が出てくるはずだ。これなら、選手とのコミュニケーションはスムーズになることは間違いない。

熱血コーチが陥る熱血ゆえの悪循環

たとえば、一時代前、中高校時代にスポーツ関係の部活をやったことのある中高年の方ならば、誰にでも覚えがあるトレーニングに「うさぎ跳び」がある。

部活の指導者は、部員にこれをやらせるのが好きだった。練習前にコートを一周、練習後にも一周、試合に負けて帰ってくればペナルティとして今度は三周を命じるといった具合である。学校側も親も、こうしたトレーニングを課す指導者を、「熱血コーチ」という評価で賞賛し、容認した。

しかし、「うさぎ跳び」が技術向上に役立ったかといえば、そんなことはない。苦しいペナルティとして課されていただけで、今では、関節や筋肉をいためるとして、それをトレーニングとしてやることは禁止されている。「トレーニング＝苦しい、苦しいからこそ成長する」と思われていた悪しき指導法の象徴のようなものだ。

しかし、コーチも選手も、体を動かすことをトレーニングと思っているから、それを受け入れてきた。選手もそういうトレーニングに慣れているから、体をたくさん動かすといかにも練習したような気持ちになる。

好きでスポーツをはじめ、常人以上の才能や体力があってプロの世界に入ったとしても、体を動かすことを楽しめる範囲を超えた運動はやはり苦痛なものだ。体力的に苦しくなればサボりたくもなる。

ところが、体を動かさせることを仕事だと思っている熱血コーチは、がんばれなくなった選手にもっと厳しいトレーニングを課すのである。

「もっとがんばれ、一生懸命やれ、気合をいれろ」と叱咤激励する。一〇〇メートル走を一〇回と思ったときでも、選手のサボりを想定して一五回をノルマと課す。

コーチは、そうでもしないと一〇回相当の効果は出ないと思うのだろう。しかし、一〇回でもきついのに、一五回といわれれば、選手はさらにサボりたくなる。厳しいトレーニングを課せられれば、サボりたい気持ちはそれだけ増幅するのだ。

こうして、指導者ががんばればがんばるほど、選手はがんばらなくなる。たくさんの練習をさせて、がんばれなくなった選手を怒り、ノルマを課し、ペナルティを与える。そうすると選手はもっとやる気を失ってもっとサボるようになる。

この繰り返しとなるわけだ。まさに悪循環である。

それならば、どうすれば選手のサボりたい気持ちを制することができるのだろうか。それは選手の心を動かすべきなのである。体を動かさせようとしてうまくいかないのだから、心を動かす働きかけをすることだ。

選手が「うまくなりたい」という目的意識をもってトレーニングをする決意をすれば、厳しいトレーニングに耐えることができる。サボりたい気持ちも抑えることができるだろう。

そのとき、命じられて拒否したくなった一〇〇メートル走一〇回も苦ではなくなり、さらに一一回、一二回と走ろうという気持ちになるのである。選手の心を動かせば、選手の体は勝手に動くのである。

私たちは、指導者同士で伸びる選手はどういう選手かという話をすることがあるが、皆が異口同音に言うのは、あたり前のようだが、「伸びるのはやる気のある選手」ということだ。

それならば、コーチがやるべきことは自ずからみえてくる。選手がやる気を出してくれるような指導を優先することなのである。いたずらに厳しい練習を課しても選手のやる気は出ない。

野球界に限らず、「やる気」が一番大事というのは、どの社会にもいえる鉄則であろう。指導的立場にある人は、その鉄則を何度でも思い出し、「やる気を出してもらうにはどうすればいいのか」を考えながら指導をしていくべきなのである。

成功体験をいくら語ってもヒットは出ない

たとえば、食品業界では、一個の製品にハエが一匹はいっていただけで全商品を回収しなければならない事態が生じる。いわば一〇〇パーセントの完璧さを求められている。

しかし、野球界では三割打者がもてはやされる。職種がちがうといえばそれまでだが、成功率は半分以下ということになる。しかし、三割打った本人も周囲も、七割は打てなかったのだという事実を意識することはない。

だから、「自分はこうして打った」「球がこうきたらこう打てば間違いなくヒットだよ」と、成功した体験談ばかりをする傾向がある。

聞いたほうも、「なるほど、さすが三割打った人の言うことはちがう」とか「何百勝もあげた人はすごい」と賞賛の目でみる。

「なるほどなるほど」と感心して聞いて、そのとおりにやれば自分もヒットを打てるかもしれないと思うだろう。しかし、実際にグラウンドに立って、彼の言うとおりにやってみても、そうそううまくいくものではない。

三割打者の残り七割の部分になっているかもしれないからだ。そのとき、三割打者の実績は、一瞬で消えてしまう。成功体験をいくら聞かされても、「自分にはできない」「自分はあなたとはちがう」と思うようになる。

だから、三割打者が、もし自分の成功体験ばかりではなく、打てなかった七割についても語ってくれるならば、おそらくすばらしいコーチングになるのではないかと私は思う。

「今考えてみたら、あのときにこうしていたら、三割どころか三割三分くらいに記録を伸ばすことができたかもしれない」とか「二〇〇勝してほうびをもらったけど、あと二〇勝ぐらい上乗せできたかもしれない」などと、反省しながらの指導ならば、名選手のほうが間違いなく名コーチになれるのである。

一般の企業でも、とくに営業の世界などで同じことがいえるのではあるまいか。日本一のセールスマンと呼ばれる人でも、「あのときああしていれば」という思いをしていない人はいないはずだ。

セールスの世界は、一〇〇件回って一件が戸を開けてくれればいいほうという、厳しい世界だと聞いている。

そのとき、前項の熱血コーチよろしく「一〇〇件まわってだめなら、二〇〇件まわってこい」などと厳しいノルマを課す上司は、熱血コーチと同じ過ちを犯すことになる。命じられたほうは、ベルを押しながら「インターフォンに出ないで」「留守でありますように」などと念じているのではないだろうか。

いかに自分が成功したかを語るのと同時に、成功した体験よりもはるかに多いはずの失敗談を語ってほしいものである。

名選手が、自分がもっといい成績を残すにはこれが足りなかった、あそこがまずかった、こうすればよかったなという研究をしていけるような人ならば、これほどの強みはない。

こういう選手が、指導者としても成功をおさめたいと考えたら、私など絶対にかなわないと思っているのである。

成功者が必ずしも名コーチになれない理由

ファイターズの監督であるヒルマンは、現役当時、選手として一流とはいえなかった。

成功者でなければ名コーチにはなれないという公式が、間違いであることの典型的な例だと思われる。

もちろん、アメリカの野球界には日本にはない事情がある。アメリカでは、現役を終えて指導者になる場合、現役時代の成績はほとんど評価の対象にはならない。指導者としてゼロからのスタートになるのだ。

成功者もそうでない者も同じスタートラインに立った場合、どちらが現役時代にこだわってしまうかは自明の理だろう。現役時代に見下していた人とのコーチ争いに敗れたら、ダメージを受けるのはどちらか。それもまた明らかだ。

しかも、成功者が引退したとき、彼はすでに一生裕福に暮らせるだけのものをもっている。家族との時間も大事にしたいということになれば、いまさら、現役時代の名声を汚す恐れのある仕事に手を出すことを躊躇するのではあるまいか。

もし、指導者として今一度の名声を得たいと考えたとしても、かつての栄光を頼みにしてしまう。自分がいるだけで客は集まる、だから、普通にそこそこやっていれば、一軍の監督やコーチになれるだろうという甘い考えが頭をもたげてくるのではないだろうか。

そういう意味で考えれば、アメリカでも日本でも事情は同じだ。「実績はないけれども、指導者として絶対に成功したい」と考える人との意欲の差は大きいだろう。意欲がちがうから、張っているアンテナにもちがいが出てくる。

あらゆることを吸収してコーチとして成功したいと思う人と、自分の経験、それも成功経験だけに頼ってやっていこうとする人とでは、どちらが指導者として伸びていくかは明らかだ。その差は大きい。

そして、もうひとついえることは、現役時代に思うように成績が伸びず苦労した人は、もがき苦しんだ体験をそれだけたくさんしている。

這い上がっていきたいという選手たちの心理状態も理解できる。ミスをして怒られて萎縮してしまった体験も成功者よりはるかに多いにちがいない。

たしかに、日本では、ソフトバンクの王監督のように、現役時代の成功者が指導者になるケースがアメリカよりも多い。おそらく、王監督は、打てなかった七割に思いをいたす人なのではないかと私は思う。

というのも、王監督はつねづねこんなことを言っていたと聞いたことがあるからだ。

「去年三冠王が取れたとか、五五本もホームランを打てたということは、確かによかったと思っている。でも正直な気持ち、いつもキャンプインの頃になると、今年はひょっとして一本も打てないんじゃないかと思ってこわくなるんだよ」

これは、私にメンタル・トレーニングの大切さを教えてくれた白石豊先生の著書にある王監督の言葉だが、打てない怖さを感じ続けていた人だからこそ、名監督になりえたのではないだろうか。

怒るときだけの話しかけでは、本音を引き出せない

以前、札幌市が主催した「若い職員を育てるコーチング」というテーマの講演会に招かれたことがある。そのとき、ＰＨＰコーチング・認定ファシリテーターの石川尚子さんと対談させていただいた。石川さんは、コミュニケーションの大切さを述べておられたが、同時にその難しさを次のように語った。

「とかく、組織の中で、上司が部下とコミュニケーションをとろうとするときがどういうときかというと、何かものを申さねばならないというときです。ここがまずいから注意しなくてはというときなのです。

ですから、『ちょっといいかな』と、上司が部下を呼んだ瞬間に、部下は緊張しているのです。『ちょっといいかな、何々の件だけど』と言いかけたとたんに、『今、お客様の返事待ちですから』と言い訳をはじめるのです。

上司としては状況を聞きたいだけなのに、部下が言い訳をはじめて、ひどい例になると、あの件と言いかけた瞬間に『やっていないのは僕だけではないでしょ。彼だっ

て、彼だってやっていないでしょう』というようなことを言い訳するらしいのです。

つまり、上司が話しかけるときはイコール叱られるときという図式が、組織の中にできてしまっているわけです」

この発言は私が、成果を出すための組織のあり方についての私見を申し上げたことに対する言葉だった。

こうした組織のあり方は、変えねばならないことは明らかだ。上司が話しかけるだけで萎縮してしまうようでは、成果はまったく期待できないからである。

私がチームで心がけていることはまさにこのことであって、選手の萎縮を取り除いたり、コーチと選手の距離を縮めたりすることは、コーチのもっとも大事な仕事のひとつなのだ。そのために何よりも大切なのは、雰囲気づくりである。

上に立つ人間は、部下を評してよく、「あいつは何も意見を言わないからな。典型的な指示待ち族だよ」などと安易な判断を下す。しかし、意見がないのではなく、意見を言いづらい雰囲気をつくってしまっているのではないか、と考える必要がある。

何か問題がおきたとき、コーチの側に問題点がなかったか、私は他のコーチたちとつねにそういう話をするようにしている。話をしないのは自分たちコーチにそういう雰囲気があるからであって、そのことに気づきましょうというスタンスが必要なのだ。

ちょっとだけ相手の立場に立って、自分が彼だったら、どんな声を掛けてもらったらやる気になれるかを考えなければならない。少しの想像力があれば、できないはずはない。

選手時代に、「こうしてくれれば、こういう話し方をしてくれれば、もっとがんばれるのに」と思った体験を、そのまま相手に返してやればいいのである。

たしかに、選手時代にはあれこれ思っていてもコーチになるとそれを忘れてしまうことがある。忘れていなくても、早く結果がほしいとか、統制が取れている状態になっているのを見るのは気分がいいとかという気持ちに負けてしまう。だから、急いでしまって、選手の気持ちをじっくり考える余裕をなくすわけだ。

結果として、怒ったり注意したりするときだけ話しかけることになって、石川さんの言うような状況を生み出すことになる。

やはり大事なのは、雰囲気づくりだ。私は選手たちに手紙もよく書くが、それも彼らが話しやすい雰囲気をつくるためのきっかけになればと思うからである。

こうしたやり方は時間がかかるかもしれない。しかし、雰囲気をしっかりつくっておけば、結果としてより早く成果が出るのである。「急がばまわれ」という言葉があるが、文字どおり、まわり道のほうが早く目的にたどりつけるものなのである。

座禅的な修行だけではスキルは向上しない

古来、「読書百遍意自ずから通ず」という言葉がある。

わけのわからない書物でも、一〇〇回読めば意味がわかるようになるというのだ。江戸時代の子どもたちが、論語の素読を繰り返したのもこうした考え方がもとになっていたのだろう。

こうした考え方は、たとえば武道などにも波及し、剣道など、素振りを何百回も繰り返せば次第に剣道の神髄を理解し、心ができあがっていくという。

こうした座禅的な発想は、一面の真理だとは思う。無心の修行を続ければ、無になって悟りを開くこともできるだろう。しかし、無心の修行をしたから野球がうまくなるかといえば、決してそうではない。

論語にしたところで、一〇〇回読めば意味がわかるようになるとは私には思えないのだ。つまり、一〇〇回素振りをしても野球がうまくならないことがある。同じ一〇〇回振るにしても、そこに意識が通っていなければ無駄な作業というしかないのである。

つまり、一〇〇回の素振りが成果につながるためには、そのための有効な方法を取らなければいけないわけだ。現役の時代は限られている。だから、競技スポーツにメンタルな部分を加えたいとき、機械的な素振りではダメなのである。

それは、コーチング以前の基本を教える場合にもいえることであって、たとえば、初心者にバットの振り方を教えるとする。そのとき、コーチからの、

「いいよ、それでいいんだよ」という言葉があり、自分の、

「あ、今のはうまくいったな」という感覚があり、

その両方が一致したときに、

「なるほど」と納得できるのである。

つまり、形だけをつくってやるのと、

「今のはここがまずかったから、次はこうやってみよう」と、一回一回の素振りを一

回ごとに意識を働かせてやるのとでは、結果に大きなちがいが出てくる。

漫然と繰り返す素振りなどまったく意味がないのである。

もちろん、コーチとしては漫然と走りや素振りを命じるのは簡単で楽だ。一人ひとりに意識させながらやるにはコーチの責任が伴うのである。しかし、全員に漫然と同じ練習を繰り返させる愚を、私はやりたくないのである。

たしかに、「野球の神様」といわれた大先輩である川上哲治さんは、座禅で開眼したと語っている。

「真剣にやっていれば、必ずいきづまる。それでも一心にやっていくと、ひょいと通じるものだ。通じないのは、いきづまる段階までいく真剣さが足りないからだ」

川上さんは、はじめて参禅したときの師である梶浦逸外老師に言われたこの言葉に、深く感銘を受けたという。前出の白石先生も、大学で男子体操競技部のコーチをしているときに、川上さんのこの体験談を読んで、参禅を決意したそうだ。

だから、座禅修行によって、心が安定したり集中力が増したりすれば、それが成功への助けになることもあるだろう。

たとえばピッチャーが、大事な場面でホームランを打たれたり、無死満塁で強打者を迎えたりしたときなど、いかに平常心をもってことにあたれるか。あるいは前回の重大なエラーで萎縮しがちな心を、次の回にいかに励ましてはつらつとプレーができるか。そんなとき、そうした修行が役に立つこともあると思う。

しかし、それもこれも、やる気をもってきちんと意識した練習があってこその修行なのではないか。

つまり、野球の神様と呼ばれた川上さんだからこそ、こうした修行が生き、「名選手、必ずしも名指導者ならず」の定説を覆すことができたのではないかと思う。

「結果」を出せば自信がつくという錯覚

前出の白石先生が書かれた本の中に、『心を鍛える言葉』というのがある。そこにも多くの事例が紹介されているが、言葉はものすごいパワーをもっているものだ。言葉ひとつが、相手を勇気づけることになったり、逆に相手を深く傷つける暴力になったりするのである。

そこがコーチの仕事の難しさであって、たとえば選手が落ち込んでいるときに、その気持ちを察してやらなければと思うあまり、こちらまで暗い、しんみりした口調で話してしまい、もっと相手を落ち込ませてしまうことがある。

したがって、これは指導者のテクニックとしてぜひ習得しなければいけない分野である。とくに日本人の場合、ことにあたる前に予防線を張りたがる選手が多い。「元気か？」と聞いて「最高に元気ですよ」と答える選手はほとんどいない。

これは、選手に限らず日本人一般にみられる傾向だ。

ゴルフのスタート前など、よく「寝不足でね」とか「昨夜飲みすぎちゃって」とかと言っては、失敗したときの言い訳をあらかじめ用意しておく人がいる。もし、相手を油断させるという意図が働いたとしても、こうした言葉を発すれば、ネガティブになっていくのは自分のほうだろう。

こうした予防線がプラスに働くことはまずない。いつもベストな状態で本番に臨めるよう、やれることはやってきている、という自信をもってグラウンドに出かけていくのでなければ、勝てる試合も勝てないのである。

しかし、選手に自信をもたせることは容易ではなく、言葉だけで「自信をもて」と言っても自信をもてるようにはならない、やはり、自信がもてるような裏づけが必要になってくる。

そのために、コーチが知っていなければならないある原則がある。それは、成功体験が自信につながるという錯覚をもたないことだ。自信と結果の相関関係を、「成功体験＝自信」と考えてはいけないのである。

つまり、自信というのは、結果が出たからもてるものではなく、結果を出すために、試合に臨む前にもっておくべきものなのである。成功体験がなければ自信がもてない、したがって成功もできないというのなら、過去に成功体験のある人しか成功できないことになってしまう。

つまり、「成功体験＝自信」ではなく、「自信＝成功」なのだ。自信をもてるまで準備して成功すれば、これでよかったのだとノウハウも身につき、さらなる自信につながる。

しかし、成功体験が自信を生むという錯覚は、意外に根強くて、自信がないままヒットが偶然出たときなど、「あのヒットで自信がついた」と言う人がいる。しかし、次に失敗したとき、そうした薄っぺらな自信など、吹っ飛んでしまうにちがいない。

たいていは、自信がないまま成功したとしても、選手はその成功を、ツイていた、ラッキーな結果、偶然の成功としか思わないから、次につながらないのである。

こうした話をすると、自信をもってやった結果失敗したら、自信をなくしてしまうのではないかという反論が出るかもしれない。それも、まったくの勘ちがいだと私は思う。

なぜならば、自信という裏づけがあれば、うまくいかなかったときは、その理由を考え次の工夫をするからだ。その工夫が次の自信を生み、したがって成功の確率はどんどんあがっていくのである。

つまり、「あれとこれをこんなふうに準備して、絶対大丈夫と自信をもっていたのに、そのどこに盲点があったのだろう」と、具体的かつ冷静に思考を発展させていくことができる。やる前に自信をもっている人は、成功しようと失敗しようと、次も自信をもっていきたいと思っているのである。

それに、自信をもって失敗したとしても損をするわけではないだろう。自信がなくて失敗してどんな得があるのか。自信をもって失敗するほうが、次の成功につながる可能性は高くなるのだ。

キャンプイン前にはいつもこわくなると語った王さんは、恐怖を克服するために練習をするのだと語っている。それは恐怖に目を奪われるまえに、練習に打ち込むことで、「ことにあたる前の自信」をつけるためであるにちがいない。

白石先生は、最高のプロゴルファーといわれたジャック・ニクラウスの言葉を引用して、自信に関する公式を述べている。

それによると、ニクラウスはピンチに陥ったとき、「おいジャック、君はこれまでだって何度もピンチを切り抜けてきたじゃないか。だから今度も大丈夫、きっとうまくいくよ」と自分に言い聞かせたそうだ。

これも王さんと同じで、ピンチに目を奪われるより、自分はそんなことにへこたれるようなヤワなゴルファーではないと自分に言い聞かせている。

このように自信の公式というのは、まさに「自分を信じられること」なのである。

王さんもニクラウスも、脇目を振らないで、ひたすら自分を信じてことにあたる。

それが、誰もが認める世界的な成功へと二人を導いたのだ。

第2章 部下の自覚を引き出す働きかけ

――メンタル・コーチングの基本条件

よい「がんばり方」、悪い「がんばり方」

私がアメリカにいって参考になったと思うことのひとつは、あちらにはきちんとした指導マニュアルがあるということだ。バッティングとは、守備とは、あるいは投げることはこういうことだということが明確になっていた。

なかには、「グラウンドではしっかり走りましょう」などというものまであった。それは、指導に統一性がもてるという点で好都合だった。

指導の仕方がよくわからないまま手探りでやっていくよりも、指導者のあるべき姿を教えることができることも、マニュアルの利点のひとつだと思う。選手からいきなり指導者になるのだから、そこにはさまざまな試行錯誤が生まれる。

もちろん、マニュアルにはマイナス面もある。マニュアルに沿っているために、個人のアイデアが反映されないことだ。イチロー選手にしても、マニュアルどおりではない打法を認めてくれる監督がいたからこそ「世界のイチロー」になれたのである。

だから、マニュアルというものをあくまで基本と捉えることだ。私が、基本マニュアルに加えて指導者に絶対必要と考えていることは、選手の心を動かす力だ。それはやはり、選手の心に訴えかけていく言葉をかけてやれるかどうかにかかっている。チームが低迷状態を続けているときというのは、この言葉かけに間違いがあったからではないかと私は思ったわけだ。つまり、コーチのがんばりのピントがずれているから、選手の心を動かすことができないのである。

前章で述べたように、野球だけではなく日本のスポーツ界全体に蔓延していたのは「怒る」「教える」「やらせる」だった。もちろん、同じがんばり方をしていて常勝するチームもあるのだから、このやり方が今でも通用しているという面もある。だから、なおさらがんばり方を変えなければいけないと私は思った。これまでのやり方でがんばれば結果は目に見えている。常勝できないのがその何よりの証拠だろう。がんばればがんばっただけミスが増え、選手はサボり傾向を強めているではないか。

それならば、がんばり方を変えてみようじゃないかと私は提案した。指導者としてのがんばり方を変えれば、何らかの変化が生じるかもしれない。

私は、二軍監督に就任したとき、意識的に言葉を変えた。それは、「こうして選手を『指導』する」と言わなかったことだ。「こうしてチームを『強く』していこう」と言ったのである。それは指導者としてのがんばりの方向を変えるという宣言だった。

当時私は三九歳、コーチたちはほとんど私よりも年上だったが、私はあえて、選手の育成方法を変えたいと言った。選手にやる気を出してもらわなければいけない、そのためには、今までのがんばり方を変えなければいけない、まず感情的に怒るのをやめましょうと言ったのである。

コーチたちにもかつての現役時代があるのだから、大事なところで、やる気をそぐようなことを言われた覚えがあるはずだ。私は、それを思い出してもらいたいと思った。たとえば、先頭打者に投げるとき、ピッチャーコーチに「フォアボールを絶対に出すな」と注意されることがある。

たしかに、先頭打者にフォアボールを出すと点を取られる可能性は高くなる。ヒットを打たれた場合は、それが得点になる可能性は三〇パーセントだが、フォアボールだとなぜかそれが五〇パーセント以上に膨れ上がる。

しかし、「絶対にフォアボールを出すな」と言われてマウンドに立ったピッチャーの心境はどうだろうか。フォアボールを出してはいけない、フォアボールを出してはいけない、ということにばかり神経がいって、気持ちが浮わつくから、かえってフォアボールになってしまう。あるいは、ストレートを真ん中に投げてホームランになってしまう。

ミスをした選手を怒る言葉で迎えたら、それは次のミスを呼ぶ。現役時代を思い出せばそれが明らかなのだから、ちがう方法をやりましょうというのが私の主張だった。脅されてエラーをした選手は、つまり能力を全開できなかったということになる。だから、そこから得るものは何もない。

コーチの目的は選手がよくなることだ。コーチのがんばりぶりをみせることでは決してないのだ。だから、せっかくのがんばりが空回りにならないために、がんばりには「よいがんばり方」と「悪いがんばり方」があることを知らねばならないのである。

四つの全力があるかどうかで判断する

さて、コーチを集めて「ミスを怒らないでほしい」と要望した私だが、それはどんな場合でも怒ってはいけないという意味ではない。怒るときと怒らないときの線引きをしているのである。

私の線引きは極めて簡単だ。プレーにおける線を、「ミスしたかどうか」に引くのではなく、「全力でやろうとしたかどうか」に引くのだ。全力でプレーしたかどうかという線引きをするのだから、ミスをしても怒らない場合もあり、逆に成功しても怒ることがある。

全力を出さずにできた成功など何の役にも立たない。たとえば、ヒットを打ったときだ。選手は全力で塁をめがけて走って当然なのに、そこに油断が生まれて全力を出していない場合がある。

そういうとき、私は厳しく怒る。許される行為ではないからだ。

逆に、高い内野フライを打ってしまう場合がある。相手の野手が捕ってしまえばバッターは即アウトという場面だ。しかしそのとき、打ったバッターが全力で走っていったならば、私は選手の凡打を怒らない。

野手がフライを捕り損ねることだってある。そうすれば、全力で走った選手は、一塁から二塁までいけるではないか。その可能性に掛けた選手のやる気を、私は認めてあげたいと思うのである。

そういう意味で、ヒットを打つというバッティングの成功よりも、凡打でも全力で走ることのほうが貴いと私は思うのだ。

それ以前に、全力といえば「準備の全力」というものがまずある。試合に臨むにあたり、万全の状況で臨んでいるかどうかである。たとえば前日深酒するなど論外であるし、完璧なウォーミングアップをしてはじめて準備の全力を果たしたといえる。

次に「頭の全力」、状況判断力の全力をもとめる。この場面がきたらどのように対処すべきか、ということだ。試合中にそのようなことを考えている時間などない。球が飛んできた瞬間に判断しなければならないからだ。それは日々の練習で養うべきことだ。漫然と練習するのではなく、つねに意識しながら練習して身につく力である。

さらに「失敗したらどうしよう」と思いながら試合に臨む選手も、私は「全力を出していない」とみなす。これからプレーしようというときで、結果が出てもいないときに、「負けたらいやだな、負けたらまた練習だもんな。三振したらどうしよう」などと思っていたのでは、全力など出せるはずがない。

それに比べ、「よし！　絶対打ってやるぞ」と思っているのでは大きなちがいがある。こちらは、力を一〇〇パーセント出すぞという意気込みがあるのに対して、あちらは全力の構えでいこうとはしていないのである。これは「心の全力」である。

つまり、全力には、「準備の全力」「頭の全力」「心の全力」そして「体の全力」と、四つの全力があるのだ。すべての全力を出してはじめて「全力を出した」と言えるのである。

そのひとつでも欠けていたときの私は厳しい。あるときは、ファーストまでの全力走を延々とやらせる。セカンドにスライディングしなかったためにアウトになった選手には、ユニホームが破れて穴があくまでスライディングをさせたこともある。

意識すればできることをやらない、私はそれを許さないわけだ。

私がこのように線引きを重視するのは、そうしないと組織全体が動かなくなると思うからだ。線引きをしないまま、一生懸命にやった挙句のミスまで怒っては、選手の不満が出る。きちんと線引きをして、そこから外れたときのみ怒ることにしておけば、どんなに厳しい叱責でも選手は受け入れてくれるし、納得してくれるのだ。

同じミスでも能力を出し切ったうえでのミスなら、そこからたくさんの反省が生まれ、学ぶことも多い。だから、私たちコーチは、選手が全力――これは四つの全力のことであるが――それを出せる心になれるようながんばり方をすべきなのである。

萎縮は成功意欲の裏返し

前項で、コーチの叱責が作用して選手が萎縮すると全力を出せなくなるといった。萎縮している選手をポジティブな状態にもっていくのは案外簡単だ。萎縮は緊張感からくるわけで、成功意欲の裏返しなのである。

だから、ある意味で、すごくいい状態だともいえる。プロとしての成功意欲があるから責任感をもち、したがって萎縮もおきるのだ。だから、私は萎縮している選手に「萎縮するな」とはいわず、むしろ評価する。

萎縮するときの精神的なレベルの高さを認める。だから、萎縮しておこしたミスは、受け止め方でありがたいミスになる。その萎縮さえ取り除けば成功するからだ。ただ、萎縮したままプレーするよりも、裏返しの成功意欲をもってプレーできるなら、そのほうがいいに決まっている。

だから、萎縮を取り除くためのアプローチはする。要するに、裏と表にあるものをひっくり返せばいいだけのことなのである。コーチの役割は、そのひっくり返しにある。選手に問えばいいのである。

2アウト満塁、ここでヒットを打てばチームが勝つという場面を想定してみよう。全員の気持ちを一身に背負うには、そのための準備が必要だ。準備をしておけば萎縮を成功意欲に変えることができる。

「絶好のチャンスだ。やってやろうじゃないか！」となる。

日ごろからしっかりとした準備をして、成功意欲を燃え上がらせておけば、実力以上の力を出すことができる。一方、準備ができていなければ、急にチームが勝つか負けるかの局面に立たされて、「打てなかったらどうしよう」と萎縮するばかりだ。

どちらをとるかといわれたら、選手の選択は明らかだ。いつおきるのかわからない責任感が生じる場面で、その責任感を背負える準備ができているかどうかと問われたら、誰でも準備OKの状態に自分をおこうとするにちがいない。いやでも選手のモチベーションは上がる。

チームにとって大事なことは、失敗するまえの状況だ。前項で述べたように、全力を出した結果ならば、どんな結果でも受け入れる。

成功意欲がもっとも大切な要素であることが、チームの哲学である、と全員に伝えておくことだ。チームの期待に応える準備ができていない選手は、チームに貢献する選手にはなれない。

たとえば、日本シリーズ最終回、一点リード、2アウト二塁三塁という場面を想定してみよう。サードゴロが飛んできて、ファーストに暴投、サヨナラ負けの可能性もある。これは最高に緊張する場面だ。

そのときに全力が出せるかどうかは、日ごろのキャッチボールをどうやっているかに左右される。

緊張する場面でボールが飛んできたら、落とさないように両手で捕る。しかし、なんでもないキャッチボールだからと片手で捕っていたら、こうした大事な場面で急に両手を出してもうまくは捕れない。

簡単に投げて、おしゃべりしながら簡単に捕っている選手と、一球一球を日本シリーズ最後のアウトを取る一球と思って投げている選手との差は絶対に出る。繰り返すようだが、自分の能力を出し切った試合をするためには、日ごろの準備が大事だ。

たとえば、試合に臨んだときもっとも大事なのは一球目だ。それが成功すると、選手はうまい流れを作ることができる。だから、練習の場合でもこの一球目が重要だ。一球目から真剣にやることで、試合の一球目を投げる際の準備ができるのである。コーチの側も「大丈夫、勝てるよ」と送り出すことができるだろう。

さらにいえば、昨夜何時に寝たか、何時間睡眠を取ったか、グラウンドに入る何時間前に起きたか、どんな準備をしてきたかというようなことまでが全力のもとになる。選手の自己管理の分野だが、そこまでやるのもコーチの仕事といえよう。

こうしたもろもろの準備ができていない選手、それが私のいう「全力」の準備ができていない選手だ。何かを背負う準備ができている選手は、背負うものが大きければ大きいほど力を発揮する。

それがゲームプレーヤーというものなのだ。私はそういう選手を育てたい。

相手に聞く耳ができるまで「待つ」ことの大切さ

たとえば、恋愛に夢中の友人がいたとする。こちらからみれば、性格も合いそうもないし、どうかなと思える異性を好きになってしまっている場合、こちらの忠告に耳を傾けてくれることはまずない。やはり、その友人が冷静になって考えてくれそうなタイミングを測らなければならないだろう。

コーチの仕事にも同じことがいえる。

私は、「勝っても負けても監督のそばでにこにこして見ているだけのコーチ」と言われることがよくある。たしかに、監督の傍らで立っている私を見たら、「コーチらしいことを何もしていないコーチ」と思われるだろう。

コーチの役割は、選手に教え、選手を叱咤激励し、監督の意を受けて走り回るものというイメージとは程遠いのが、ただ立っているだけの私の姿なのである。

しかし、選手と真のコミュニケーションをとりたいと思うとき、その「何もしていないかのように見える」時間が非常に大切なものになる。

というのも、あれこれ言いたいことがあったとしても、選手のほうに耳を傾ける準備ができていなければ、それは選手の心に私の言葉は届かない。まさに「馬の耳に念仏」であって、ありがたいものにはなりえないのである。

つまり、立っているだけに見えるかもしれないが、実は私の頭は忙しく働いているのだ。相手が耳を傾ける気持ちになれるタイミングを測っているのである。絶好のタイミングは、選手が自分のしたことを振り返り、迷い、わらにもすがりたい気持ちになったときだ。

そういう意味で、選手に聞く耳ができるまで待つこともコーチの大事な仕事だ。待っている間、選手がいつ「聞く耳」をもってもいいように、万全の準備をして待っていなければならない。だから、これは、走り回って怒鳴り散らすことよりもずっと難しく、根気のいる仕事だといえる。

そして、選手に聞く耳ができたときに一気に伝えるのである。そうすれば、乾いた砂に水がしみこむように、選手はこちらのアドバイスを吸収してくれるだろう。

しかし、待ち続けているコーチは概して評価されることが少ない。外から見れば何もやっていないように見えるから、仕事をしていないように思われてしまう。やる気のないコーチに見えるのである。

とくに、二軍監督一年目で三六勝しかできなかったときはつらかった。投書はくる、抗議の電話はかかってくるというありさまだった。だから、今でも、二年目もこれでいくと言った私のやり方を許してくれたトップには感謝している。

もし、それはだめだ、こうやれと言われたら今の成果はなかったにちがいない。そのやり方でやってみろというトップ、もう一回これでいきましょうと言ってくれたコーチたちがいたおかげなのだ。

野球界だけではなく、前出の石川さんも言っているように、コーチングで成果を出せるか出せないかは、トップの理解の仕方でずいぶんちがってくる。トップや中間管理職が「そんな生ぬるいことではだめだ」と言ってしまえば、コーチングはうまくいかないのである。

コーチングの基本は「よく聞き」「認める」こと

たとえば、「命の電話」とか「育児一一〇番」などで仕事をしている方々は、一様にその仕事のポイントを「よく聞くことです」とおっしゃる。聞き役に徹して、相手にすべてを吐き出してもらうだけで、問題がほとんど解決していることが多いという。

そうしたことは、私にも覚えがある。監督や先輩に相談をもちかけたとき、こちらが一方的にしゃべっただけなのに、なんだかすばらしいアドバイスをもらったような気がして、身も心もすっきりしたことが何度もある。

そうした体験を踏まえて、コーチの仕事には、まず「よく聞く」という要素が不可欠だと私はずっと思っていた。たしかに、選手の話をずっと聞き続けることは大変だ。とりわけ口下手の選手が相手だった場合、こちらはいらいらして、「要するに言いたいことはこういうことなんだろう」と相手の口をふさいでしまうのである。

だから、選手の話を、最後まで何も言わずに聞いてほしいという私の要望は、コーチ、選手双方とも、非常に戸惑ったことと思う。

どちらも慣れていないから、選手は言い訳に終始し、コーチは、必死で聞いていながら顔は暗い表情のままということもしばしばだったのである。おそらく、コーチにとってはもっとも難しいことだっただろう。

選手としての経験豊富なコーチは、説教したくもなるし、アドバイスをしたくもなるのである。話をじっくり聞くよりも、教えてしまったほうが早いということもある。

コーチは、結果を早く出したいという気持ちを抑えきれずに、ついこちらから話すことに身を入れてしまいがちなのである。

しかし、選手自身が話すなら、話しているうちに気づくことは多いし、アドバイスされて知ることよりも、自分で気づいて獲得したことのほうが、よほど自分の血となり肉になることは明白なのだ。

聞くだけといえば受動的で、強いメッセージにはならないと思いがちだが、実は、そのほうがずっと相手の意識を高め、やる気にさせる力をもっているのである。

また、自信をもって出ていけるようになるために、「認める」ことも大事な要素になる。たとえば、四年前、トレードでファイターズにきた坪井（智哉）という選手がいる。一時活躍していたのだが、ここ二、三年低迷しはじめていた。彼の打ち方には、イチロー選手に似た、ある独特のものがあった。

しかし、成績が低迷しはじめると、その打ち方ではダメだと判断されていた。

私は、「バッティングを直したほうがいいですか」と質問した彼に言った。

「あれだけ成績を残しているし、僕たちが取り組んでいるバッティングは、君がやっているバッティングそのものなんだよ。直すどころか、それを皆に教えてやってほしいぐらいだ。絶対に打てるから自信をもってやってみたら」

そうすると、彼は自分のバッティングについていろいろと聞いてきた。私は「それでいいと思う」と言っただけで、それ以上は何も言わなかった。

しかし、紅白戦に出た彼は、二〇打席ノーヒットという最悪の結果を残してしまった。私が大丈夫と言ったにもかかわらず、まだ迷いがあったのだろう。

そこで私は、第三者の力を借りることにした。質問をしてきた評論家に、「坪井は最高です、必ず打ちます」と吹聴したのだ。思惑はあたって、評論家は坪井に私の言葉を伝えてくれた。

坪井はようやく、私がお世辞で言っているのではなく、本当にそう思っているのだということをわかってくれた。

そして、シーズンが終わったとき、彼は見事に三割打者になっていた。彼は私に、いろいろアドバイスをもらったとか、おかげさまでとかと言って感謝してくれた。しかし、私は何のアドバイスもしていない。ただ彼の打ち方を「認めた」だけなのである。

いってみれば、彼が勝手に自信を取り戻しただけなのである。終わったとき、「こんなにやりやすいチームはなかった。一年が楽しかった。やりがいがありました」という彼のコメントを聞いたときの喜びは一生忘れないだろう。

本人の試行錯誤を見守る余裕が大事

戦いの現場で選手がミスしたとき、コーチにできることは励ますことだけだ。そう思っている私は、「次いこうぜ、大丈夫、大丈夫」「おまえならできるよ」「任したぞ」とただひたすら励まし続ける。

すべては試合が終わってからはじまるわけだ。しかし、そこでも私ははじめから注意をしたり技術指導をしたりはしない。技術の未熟な選手ならば、技術の一つひとつを論理的に教える必要はあるだろう。そういうときは、アメリカで参考になったマニュアルを大いに役立てて、しっかりと教える。

しかし、技術的な基本を選手がもつようになったとき、こんどは余計な指導が邪魔になる。選手が試行錯誤をはじめる時期なのだ。もちろん、こちら側からみていれば、「ああ、今ああいうことをやろうとしているんだな。だけど、ちょっと方向を間違えているよな」と思うことがある。

そこで、コーチは何も言わないことだ。ちがうよなと思いながら、言いたい気持ちを抑えていると、選手は試行錯誤の結果修正していくからだ。基本的な知識を習得していれば、いい方向にいくから、それを信じてみていることだ。

そのときコーチがすべきことは、「ああいいところまでいっているな」とか「あ、ちょっとちがうな。今あの選手に声をかけるとしたら、ここだな。この部分だな」とかと、言うべきことを準備しておくことである。

問題点に気づいても、辛抱強くみていることが大事だ。試行錯誤して、そこでつかんだものが選手の技術になるのである。ところがたいていのコーチはそこでみていることができない。教えるのが仕事だと思っているから、それではダメだと言いたがるのだ。

私たちの仕事を評価する人は、ちゃんと教えているかどうかで評価しがちだ。だから、コーチは教えていると仕事をしたような錯覚をする。

その錯覚の中で何がおきているか。選手から時間を、試行錯誤をして一生懸命に考えている時間を奪ってしまうということがおきているのだ。もし、その指導が正しいものだったとしても、それは選手の技術とはならず、身につかないのだ。

第一、試行錯誤をしている最中の選手に、他人の指導を聞く準備ができているものだろうか。自分であれこれ考えてやっているときに「そうじゃないよ」と言われたら、そのとたん、選手の思考は停止する。

あるいは、せっかく考えているときに余計なことを言われたら、さらに混乱するか、反発するかのどちらかだ。いずれにしても決していい結果にはならない。要するに、ティーチングも大事、インストラクションも重要だが、手をはなしてやらなければいけないときがあるということだ。

コーチの出番は、選手が試行錯誤の結果、答えが出なくて聞いてきたときである。

そのとき、「トップの位置がゆるんでいるんだよ。だから、トップだけを意識して、これさえやれば絶対に打てる」などと、これだけやっておけば絶対に打てるということを伝えてやるのである。

もし、試行錯誤をしている最中に、同じアドバイスをしたとしても、その言葉は頭には入っていかない。だから、ぎりぎりまで試行錯誤をして、なんとかつかむかどうかというまでみていることが大事なのである。

欠点を「責める」のではなく、「生かす」アドバイス

亡くなった作家の遠藤周作さんが、あるとき、無口で口下手であることを悩んでいる人に会った。

そのとき、遠藤さんは、無口の人は大歓迎だと答えたそうだ。自分のようなおしゃべりな人間は、話を聞いてくれる人がほしい、口下手な人はきっと聞き上手にちがいないということだ。

遠藤さんは、相手が欠点と思っていることが実は長所だと気づかせた。言われたほうは、口下手を直す方法を教えてもらいたいと思ったのかもしれない。しかし、それよりもずっと多くの勇気をもらったことだろう。

野球界にもいろいろな選手がいて、一人ひとりちがうから、それぞれ選手としての

長所も欠点ももち合わせている。なかには、直せといっても直せないものもある。移籍一年目に好成績をあげたあの新庄もその一人だった。彼がどうしてこんなに打てたのか。それは、彼がもつ、ある欠点のためだったのだ。

彼と食事をしたとき、彼のほうから、「僕は、右腕が強すぎて、だからバッティングがだめなんです」と言い出した。そのとき、私は彼のこの思い込みを否定した。いつも彼をみていて、右腕にすばらしいものがある選手だと思っていたのである。

それを聞いた新庄の目がみるみる輝いてきた。こちらから教えることをしなくても、私がずっと彼をみていたことを知ったからだろうが、手に取るように彼の様子が変化したのである。

その日から彼の練習に変化がおきた。天井にボールをぶつけるようなバッティング練習をはじめたのである。バッティングコーチが「何やっているんだ」とカンカンに怒るくらいの極端な変わり様だった。

私が彼にしたアドバイスは、右腕が強すぎるという彼の欠点を生かすことだった。たしかに、右腕が強いと左腕の力とのバランスが崩れてしまう。しかし、もとから強いものを弱くしろといっても簡単に弱まるものではない。

だから、私は彼にアッパースイングを勧めた。アッパースイングをすれば、右手でこねることができないから、右手の力が生きてくると考えたわけだ。

彼は、「騙されたと思って、キャッチャーフライを打つぐらいのつもりでアッパースイングをしてごらんよ。絶対明日は打てるから」という私の言葉を聞いて、周囲の人間が奇異に感じるくらい徹底した練習をした。翌日、私の予想は大当たり、彼は見事なヒットを放った。

このときにも、私は、前項に述べた「相手の試行錯誤を見守る」ことの大切さを実感した。それまでずっと言いたいのを我慢していたら、彼のほうから「メシ食いにいきませんか」と誘ってきた。そして前述のように悩みを打ち明けてきたのである。

まさに、「聞く耳をもつ準備ができた」瞬間だったわけだ。聞く耳がもてたからこそ、徹底したアッパースイングの練習ができたのである。

もうひとついえば、メジャーで四番を打つような実力者が、自分の悩みを打ち明ける。これはなかなかできることではない。それは新庄の優れた能力といえよう。

相手からのフィードバックは、コーチングの絶対条件

選手に技術的な指導をする場合、ティーチングの要素が入る部分も多いが、コーチングの要素も多分にある。一方的に教えるだけでは、本当の技術指導はできないのだ。選手が理解しているかどうかを確認するためには、一方通行ではダメなのである。

それをしないと、「わかったか？」「はい」の繰り返しになるだけで、結局、選手がこちらの言うことをどう捉え、どう考えたのかがわからない。また、こちらの言うとおりに体を動かしてみて、選手がどう感じたのかを知ることも必要だ。

私の体は選手の体とはちがう。だから、「こうやって打ったほうがいいんじゃないか」と教えても、選手の体の感じは聞かない限りわからない。

自分がこうだから選手もこうだろうと考え、選手が違和感をもっている可能性を無視してはならないのだ。そのまま次の指導に入っていくと、どうしても指導の方向がずれてしまう。

だから、ひとつ教えるたびにそれがどうだったかということを必ず聞いて、次の用意をすることを繰り返すというこのやり取りが必要になる。そして、選手のレベルは次第に上がり、実戦が近づいたときは、ほとんど教えることがなくなっているという状態が望ましい。

選手の動きがあまりにも間違っていると思ったときは、質問をするのも、一種のフィードバックになる。「今、何をやろうとしているの?」と質問すると、選手は説明しはじめるのだが、うまくいかない状況では自分で何をやろうとしているのかがわからなくなっていることが多い。

頭の中が整理できていない状況である。しかし、選手は「どう?」と聞かれてしゃべりはじめ、しゃべりながら頭の整理ができていくことがある。こちらがやることは、その整理をうなずきながら聞くことだけでいい。「うんうん」「あそうそう、そういうときってあるよね」「そーだよねえ」などと相槌を打っていれば、選手の頭はどんどん整理され、やるべきことがみえてくるものだ。質問するだけで答えを出してやらなくても、選手は自分で答えをみつけていく。

そういう意味で、質問をすることは、コーチの重要な仕事のひとつといえよう。答えを用意して質問にかかると、その答えを言いたくなるのが人情だ。

しかし、それをすれば「そんなことは知っています」という反発がくるだろう。内心「しつこいな」「くどいんだよ」などとつぶやいているかもしれない。

ただし、コーチの指摘を受け入れる準備ができている場合もある。それまでに信頼関係が築かれているときだ。

私は二軍監督時代、選手に「監督がきたら僕の調子が悪いということですね」と言われたことがある。理由を聞いたら「調子が悪くなると結構近づいてくるじゃないですか」と言うのである。そんな冗談が言える場合ならば、私が言うことを聞く準備がいつでもできていることになるのである。

しかし、そういうときでも、私が言うことは決まっていて、普遍的なことに限る。普遍とは、その選手に一番合っていることや、その選手のもっている一番いいもののことだ。それは変わらないものだから、たとえば三日前に教えたこととちがっていることはない。試行錯誤してその部分を忘れている選手に、それを伝えてやるのだ。

そうすれば、選手はそのベースのところに立ち返って、質問にも、それに沿った答えを出してくるだろう。もちろん基本のベースがなければそこから発展することができないのだから、その段階の指導が非常に重要であることはいうまでもないことだ。

命ずるのではなく、自分で気づかせる

どのスポーツでも同じだと思うが、練習の前のウォーミングアップは、その後に行なう猛練習に耐えるために欠かせない準備運動だ。

たいていのチームでは、一斉に集まって全員に同じ準備運動を課す。

しかし、チームのメンバーはさまざまだ。年齢は一八歳から三〇台半ばまでいるし、毎日試合に出ている選手やほとんど出ていない選手もいる。

そうしたさまざまな体力や能力をもった選手に同じウォーミングアップをして、果たして最高の準備ができるだろうか。

やはり、準備の内容は変わって当然だろう。たしかに、全員一緒に号令をかけてイチニイイチニイとやることは見た目には格好いいしきれいだ。

しかし、誰に合わせてやっているのかといえば、そこに明確な答えはない。

全員分のそれぞれの準備が必要なのである。つまり、ウォーミングアップとは、コ

ーチが命じて、号令をかけて一斉にやるものではない。個人個人が自分の体調や能力など、すべての条件に合わせて選手自身がそれぞれ準備してくることだ。

だから、コーチがいうことは、たとえば、「五〇メートルを全力で走って、ベストタイムが出るように準備してきてください」だけでいい。

選手によっては、三〇分かかる人も、一時間かかる人も、そして一五分で大丈夫という人もいる。それは選手に任せればいいのである。

もちろん、ウォーミングアップの基本は教える。「心肺機能を上げていくことで体温や筋温が上がって血流がよくなること」「野球にはストップ動作が多いからそれも入れること」「ジョギングから入って……ストレッチ云々、瞬発力のトレーニングも必要だ」などなど、ウォーミングアップのいくつもの種類は教えておくのだ。

そうすれば、選手はそれぞれ、体調と相談しながら自分でメニューをつくり実行する。試合で最高のパフォーマンスができるように準備をしてくる。それは選手の意識を高めることにもなる。

つまり、選手はいい試合をする準備のために五〇メートル走ろうとする。各選手がいい準備をすること、すなわち、選手がチームの一員としての責任をまっとうすることなるのである。

これがもし、号令に合わせての五〇メートル走だったら、五〇メートル走ることが目的になり、筋肉をほぐすという本来の目的から逸脱してしまうにちがいない。

だから、私たちが行なうウォーミングアップはバラバラだ。もちろん、九時から練習開始といっているときに、一〇分前にくるような選手は叱責する。一〇分足らずで準備ができるはずがないからである。

私は、選手に自分でウォーミングアップの重要性を気づかせることを目的に、一年間、練習の最初に、五〇メートルのタイムトライアルをやった。意識づけのために必要だと思ったのだ。一年やって、けが人は一人も出なかった。

このような意識づけはほかの練習でももちろん必要だ。一球一球集中して投げ、投げるたびに、自分が感じたことをしっかり意識してやるのと、命じられるままに一〇〇球投げるのとでは大ちがいだ。命令で一〇〇回バットを振っても、選手自身は何も気づきはない。何もないから練習が苦痛になって九〇回でやめてしまったりするのである。

つまり、「一〇〇回振れよ」と言うのではなく、一〇〇回振ることの必要性を気づかせることがコーチの仕事だということになる。いってみれば、漫然と一〇〇回振るよりも、意識的に振る五〇回のほうがよほど有意義な練習なのだ。

一般社会でも同じだと思う。たとえば営業で、訪問件数をこなすことが必要だという基本は教える必要があるが、決してただ「一〇〇件まわってこい」と指導してはならない。

上司に、「一〇〇件まわってこい」と言われると、言われたとおり「一〇〇件まわること」が目的になってしまう。「一〇〇件まわること」が目的になると、訪問先で「出てくるな、出てくるな」と念じながらインターフォンを押すことになってしまいかねないのである。

このような場合、重要なのは訪問件数に比例して成約率が高まるということと、面談をこなすことによってお客様のニーズを探るということだろう。

意識づけができていないから、本来の目的から外れてしまうのである。

「一〇〇件まわってきましたがダメでした」というのは、「コーチに言われたとおり、一〇〇回振ったけどうまくなりませんでした」と、他に責任をなすりつける点でよく似ていると思う。

ネガティブシンキングは隠さないほうがいい

私も含めて、人は、プレッシャーとか緊張とかにマイナスイメージをもっている。ポジティブシンキングとネガティブシンキングにしても、ポジティブシンキングがもてはやされ、ポジティブシンキングをするための方法を説く本がベストセラーになる。

もちろん、どちらかといえば、ポジティブシンキングの持ち主のほうが生きやすいとは思う。自分のできない部分に目をやらず、できる部分を数えて、「私はこれだけのことができる」と思いながら暮らすほうが、心身ともに心地よいにはちがいない。

悲観的にものごとをみる性格のために、損な人生だったと嘆く人も多いことだろう。私もネガティブな考えが浮かんだときには、それに支配されてはいけないと思って、ネガティブなことを出すなということばかり考えていた時期がある。

しかし、ネガティブシンキングというのは厄介なものであって、出すまいとすればするほど出てくるものだ。しかも不安が不安を呼んで、不安材料は増えていく。まるでもぐら叩きのように、叩いても叩いても出てくるのである。

私も、自信をもってやることが必要だということは重々承知している一方で、不安感にさいなまれることはしょっちゅうだった。

しかも、考えまいというほうに思考が働いているだけで何の解決にもならない。もぐらたたきの最中に、「よし打ってやる」とか「任せとけ」という気持ちがわいてくることはまずないのである。

そこであるとき考えた。ネガティブシンキングを抑えることに使うエネルギーは、無駄なエネルギーだ。そう考えたとき、出てくるネガティブシンキングを全部出してしまったらどうかと思った。

「この思いの原因は何なのだ」「なぜ、こんなネガティブな気持ちになるのだろう」などと並べ立てておいて、「こんなネガティブな気持ちでプレーしていいのか」「このネガティブな気持ちを引きずってやるか、気持ちを切り替えて目の前のことに集中するか」と自問自答してみた。答えは明らかだ。

こうして、抑えられない思いを正直に白日のもとにさらけ出したとき、次の対策が浮かんだ。そのネガティブシンキングを、今だけ横においておこうということだ。

「今、これを出すのはまずい、ダメだよ。今はとりあえずゴミ箱に捨てておこうよ。あとで考えればいいじゃないか」と、自分に言い聞かせたのである。

出てくるものは仕方がないから出してしまえと開き直ったわけだ。「なんだかいやな予感がするな」「ちょっと、チームにいやな雰囲気がただよっているな」「試合の流れが相手にいっているようだ」などなどをまとめて吐き出してしまったのだ。

そして、私は「あ、これ捨てておこう、あれも捨てておこう」と、自分でゴミ箱をつくってつぎつぎ捨てては、実際に足で踏みつけた。ネガティブシンキングをスイッチオフにするわけで、これはテクニックのひとつだ。実際に踏みつけることで、本当に一時捨てることに成功したのである。

だから、私は、選手にネガティブなことを考えるなとは言わない。抑えようとすればするほど出てくることを知ったからである。

隠さず出したあとで、「ネガティブなままでやるか、それを解決してからやるか」「できないことは後回しにしてやるか」「今から仕事をする上で大事なことは何なのか」などなど、優先順位をつけるようアドバイスをする。

そうすれば、「よし、今はこれに集中しよう、それが一番大事なことだ」と思えるようになるにちがいない。

ゴミ箱に捨てたネガティブシンキングを拾うのは試合が終わってからだ。「なぜ、あんなことを考えてしまったのか」「どうしてあんなにネガティブな考えが浮かんだのか」「どんな場面で出てきたのか」などと考える。

すると、「次はどうやって対応しようか」「この弱点を克服するためにどのようなトレーニングをやろうか」という考えが浮かぶ。それもトレーニングのひとつであって、だんだんとネガティブシンキングと上手につきあえるようになるのである。

がんばっている部下には「がんばりすぎるな」

ある教育評論家に言わせると、親が子どもに言ってはならない三大禁句というのがあって、それは「ダメ」「早く」「がんばれ」の三つだそうだ。

前出の白石先生は、「がんばれ」という言葉は、明治の富国強兵政策の結果生まれた言葉だとおっしゃっている。頻繁に使われるようになったのは大正時代だというから、比較的新しい言葉といえる。

そして、白石先生は、「がんばる」の語源である「眼張る」「我を張る」の「張る」に、どうしても硬さや緊張が感じられ、「我を張る」の「我」に、欲望の発生とそれが体や心の動きを縛ってしまうような気がすると述べている。

しかし、一方で、「がんばれ」といわれると「よし、がんばるぞ」という気持ちになるという人もいることも確かな事実だ。

「がんばれ」は、その使い方がけっこう難しい言葉のようだ。私の場合、やはり仕事柄「がんばれ」と声をかけることは多い。しかし、私には私なりの哲学があって、むやみに「がんばれ」とは言っていないつもりだ。

たとえば、選手が自発的にがんばらなければできないノルマを自分に課してきたときだ。「今日は大事なところで二つもエラーした。みんなにも申し訳ないし、私自身も悔しい。一時間のノックをお願いします」などと選手が言ってくる。「つま先に体重をかけることと、グローブを下から上にというところにポイントをあてて練習します」と具体的に宣言してくるときもある。

そのとき私は「わかった、がんばれ」といって、ノックにつきあう。選手は意識してつま先に体重をかける、グローブは下から上、下から上と言い聞かせながら練習に励む。これは非常に苦しいトレーニングだ。

しかし、こうしたしっかりとした目的意識をもってはじめた練習ならば、選手はとことんがんばれるのだ。そして、一時間のノックが終わったとき、「よし、今日はよくがんばったな、明日もがんばろうぜ」という言葉も自然に出てくる。

選手のほうも「はい明日もがんばります」と言って帰っていく。

また、あるときは「がんばりすぎるな」という声をかけることもある。それは、選手ががんばっているときだ。「よくがんばっているな。あんまりがんばりすぎるなよ。がんばりすぎて体を壊すなよ」と声をかけるわけだ。そうすると、言われた選手はほとんど、もっとがんばろうとする。

それは、「ほどほどにしておけよ。昨日の夜もあそこでバットを振っていたじゃないか」などという言葉掛けが、選手の心を奮い立たせるからだ。選手にとって、コーチが自分をちゃんとみてくれていたんだなという実感ほど嬉しいものはないのである。

何度も言うようだが、コーチの仕事は教えることだけではない。選手の心を動かすことに頭を働かせることだ。選手が目的意識をもって、練習に励み、達成感をもちつつ「やるぞ」「やれるぞ」と思いながら試合に臨めるような働きかけをすることなのである。

つまり、体を動かさせることだけを優先させるのでなく、心や頭を働かせた結果、体を動かしてがんばるというところにもっていくことが大事なのだ。

そうすれば、選手は勝手にうまくなっていく。そのためには、選手をよくみて、ときには「がんばりすぎるな」といってやることも必要なのである。

ムリと思える目標でも頭から否定しない

いわゆる野球少年ならば、一度はプロ野球の選手になりたいと思うだろう。しかし、たいていの親は、「そんな夢のようなことを考えてはダメ」「なれるはずがないでしょ」「それよりもちゃんと勉強しなさい」などといって子どもの夢をつぶそうとする。

野球に限らず、サッカー選手、画家、ミュージシャンなどになりたい夢をつぶされたという人は多いのではないだろうか。子どもの夢をつぶさずに「なれたらいいね」

ぐらいのことを言ってやればいいのに、と私は一生懸命にやっている子どもたちの姿をみるたびに思う。

私は、よく「自分は何もしていないのに選手が勝手にうまくなるのです」という言い方をする。それは、選手に私のもっているものを伝えるという指導の仕方をしていないから言えることだ。

コーチングとは、繰り返すが、すでに相手がもっているものを引き出していくことをいう。だから、自分がこうやったらうまくいったという体験からの答えを選手に伝え、同じようにやらせようとしてもうまくいくものではない。

選手は私とはちがう人間だから、私が成果を上げたやり方でやって、同じ成果が上がるかといえばそういうわけにはいかない。

私たちにできることは、「自分の場合は」という前置きをつけて話すこと、そして、選手のモチベーションが上がるためのいろいろな手段を考えることだ。

そのひとつに、野球少年ではないが、選手たちの夢をむやみにつぶさないことも入っている。選手たちは、野球でひとかどの人物になりたいと思って入ってきている。

ドラフトで指名された選手は、上位指名だろうが、下位指名だろうが、それなりに自信をもっているだろう。

だから、野球をすることでお金も稼ぎたい、有名にもなりたいという目的意識が強烈にある。とりわけ入ったばかりの若い選手は、ベテランとちがって、大きな夢を抱いたり、はるか遠いところ、高いところに目標をおいている。

遠くて高い目標だから、それは見えづらい。私は、そのかないそうもないような目標を否定しない。どうなりたいのかと問いかけながら、じっくりと話すことにしている。

目標に向かってどのようにがんばればいいのかわかっていない選手の場合、この話し合いは有効だ。話しているうちに次第に目標がみえるところに落ち着いていくのだ。ここで、「君だったら、このへんのところだよ」などといっても、それは選手のやる気をそぐだけで何の役にも立たないのである。

もちろん、遠くて、高くて、「それはムリだよ」と言いたくなる場合もある。しかし、そんな目標はムリだよといったとたん、選手はアウト、その後どう話をもっていっても心を閉ざしてしまうのだ。

やはり、やりとりをしながら、最終目標ではなく最初に達成すべき目標をどこに置けばいいのかを、選手自身が気づくようにもっていくことが必要なのである。

手の届く範囲の目標設定をアドバイスする

新聞に一流企業の入社式の風景が掲載されることがある。それを見ると、私は、この新入社員たちはみんな、学校ではトップクラスにいて、「末は重役か社長か」と大望を抱いているのだろうなと思うことがある。

しかし、早晩、その自信は不安に変わっていくにちがいない。それぞれ配属された部署には、やり手の社員たちが大勢いるのである。

プロ野球でも同じだ。プロ野球に入ってきた選手たちは、いずれもアマチュア時代はトップ選手だった。周囲にもてはやされ、いやでもスターとしての扱いを受けてきた。

その「お山の大将」的な選手は、入ってきた瞬間、新入社員よろしく不安にかられることになる。オールスター常連などという選手や、不動のレギュラーといった実力ある選手たちに圧倒されてしまうわけだ。

あるいは、プロ野球選手になること、そのことが目標になってしまっている選手もいる。一流大学に合格したとたん勉強しなくなる大学生と同じで、入っただけで目標が達成されてしまうのだ。

このように、レベルのちがいに圧倒されてモチベーションが下がってしまったり、プロに入っただけで、目標を達成した気分になったりしている選手に、どうアプローチしていけばよいのだろうか。

一番いいのは、やはり遠い目標は文字どおり遠くにおいておき、目の前のことで自分に何ができるのかを考えさせ、気づいてもらうことだ。選手にはいろいろなレベルの選手がいる。一〇点を満点とすれば、八点の選手も、三点の選手もいる。

彼らに同じ目標をもたせてもそれはムリな話だ。だから、他人との比較ではなく、昨日の自分と比較して、三点が四点になった、四点が五点になったことを認めてやらなければいけないと思う。

そのためには、みんなが一線にいなければプロではないという意識から、選手たちを解放してやることが必要だ。四点までできた選手に、いきなり一〇点を目指せというのではなく、「よくやったじゃないか、次は五点を目指そうよ」と言ってやることだ。

選手にやる気がおきないのは、遠すぎてよくみえない目標に向かおうとするからだ。あまりにも遠すぎて、どうしたらいいのかがわからない。だからやる気を失うのである。

だから、目標というのは、ちょっとがんばれば届いて、届いたことに喜びを感じられる範囲にとどめておかなければならない。

もちろん、すぐに達成できるような近い目標では、達成感も小さいことはいうまでもないことだ。そういう意味で、遠すぎず、近すぎずという目標設定は難しいが、極めて重要なのである。

白石先生は、適正な目標を小刻みに設定し確実に達成していくことを、「天才は、高みに登る階段を見せない」という言葉を引用して説明している。スーパースターたちの驚異的な記録の裏には、実は、適切な目標という何十段もの階段が隠されているというのだ。

そして、その目標設定が適切かどうかを五項目でチェックするのだそうだ。

次に、その五項目をあげておきたい。

①具体的な目標か

抽象的な、「もっと強くなりたい」というのでは、漠然としていて何をしたらいいのかがわからない。これでは、シーズンが終わったあと、「自分は強くなったか」と自問自答しても、疑問符が残るだけだ。

②計測可能な目標か

達成できたかどうかがわかるためには、計測可能でなければならない。計測できなければ、あとどのくらいやればいいのかもわからないのだ。

③達成可能な目標か

これは前に述べたとおりだ。あまりにも難しい目標だと目標そのものがプレッシャーになって不安や緊張感を生み出すものだ。

④現実的な目標か

夢を描くことは大事だが、その夢は現実的な目標に細分化しておいたほうがいい。一歩一歩進む目安になるのである。

⑤期限を区切った目標か

つい先延ばしして、時間だけが過ぎていくということにならないために期限を設けるのである。私は現役時代に、これらのことに気をつけながら、つねに目標を確認できるようにするための「自己指示の確認書」というものを白石先生と話し合いながらつくったことがある。

そのおかげで、前述のように足の骨折や肩の故障で再起不能といわれながら、カムバックでき、前にもあげたような成績、一九九一年、打率〇・三一一でパ・リーグ三位、出塁率〇・四二六で同一位、得点圏打率〇・三八五で同一位を獲得し、名誉ある「カムバック賞」をもらうことができたのだった。

白井一幸が完全復活するための「自己指示の確認書」

▼目標

一九九一年のシーズン終了時に、私は一三〇試合すべてに出場し、一三〇本以上のヒットを打ち、故障から完全に復活して、深い満足感をもってシーズンオフを迎えている。

▼目標達成の価値

シーズン一三〇本以上のヒットを目指すことにより、トータルとしての成果を得ればよいので、一打席一打席に一喜一憂することもなく、一シーズンを安定した心の状態で過ごすことができる。

▼目標達成の方法

そのためにはストレス・リカバリーチェック表とトレーニング管理表で、心身の調子を完全にチェックする。

次にバッティングに関しては、パットスイングの軌道をもう少しダウン気味に直す必要がある。これを修正することにより、肩の開き、軸足側のカベ、体重移動のすべてが修正できる。このポイント修正には、毎日の練習と並行してイメージを強くすることが大切である。

守備に関しては、ゴムチューブを使った肩の強化に重点をおいてトレーニングしていく。とくにここ二、三年は肩をかばうあまり、守り全体のリズムを崩していたので、トレーニングによってこの不安を解消すれば、問題は解消される。

最後にメンタルな面では、自信に満ちあふれてプレーすることがもっとも必要である。そのためには今まで同様に、心のトレーニングを続けるとともに、終始チャレンジ精神あふれる選手を演じることと、実行目標を絶えず言葉にし、それに完全に集中しきることを徹底して実行していくことにより、自信に満ちあふれた態度を持ち続けてプレーすることができる。

以上のことを達成するために、毎日の目標を朝のイメージ・トレーニングの中で設定し、必ずノートにそれを書き記す。また、この自己指示の確認書は、必ず次のようなときに声を出して読み、目標が達成されている姿を絶えずイメージする。

①朝、目を覚ましたら、起き上がる前に一度読み、さらにその日の自分の目標や行動を頭の中でリハーサルする。

②練習に出かける前に、もう一度読み、その日の課題とそれが達成されているイメージを描く。

③夜、寝る前に再度、自己指示の確認書を読み、その日の目標や予定がうまく達成されたかどうかを反省し、記録表に記入して、翌日の目標を確認してから眠りにつく。

▼もう一度、目標

一九九一年のシーズン終了時に、私は一三〇試合すべてに出場し、一三〇本以上のヒットを打ち、故障から完全に復活して、深い満足感をもってシーズンオフを迎えている。

目的意識がない練習はやってもムダ

たとえファームの試合でも、大事なことは、「絶対に勝つぞ」という強い意識と、それと同時に、選手がのびのびとプレーできる環境をつくることだ。そのためには、結果を責めるのではなく、何をやろうとするかの意欲を評価することが大切だ。

こうした試みに反する指導者が一人でもまざると、「そんなに甘いものではない」などと言い出して現場は混乱する。また、古手の選手はミスをすると怒られることに慣れていて、怒らないと放っておかれるような気持ちになる選手もいたようだ。

そうした混乱を回避し、まず指導者側の意識を徹底させるために、私は毎日ミーティングをした。基本的な命題を与えて選手にも毎日レポートを提出してもらった。

それは「練習の目的は何だろう」「ウォーミングアップとは何なのか」というようなな、これまで議論の対象にならないようなことからはじめたのである。

その結果、コーチも選手もしっかりとした目的意識をもつようになった。「ウォーミングアップとは、ここからあそこまで走ることをいうのではない。走りながら、自分の筋肉と相談して、状態を整えていくことが目的なのだ」ということを全員が了解し、その上でのウォーミングアップを開始した。

こうした目的意識がないランニングならば、何本走ってもムダであって、そこに意識を通わしてこそ、練習になる。

私が、二軍監督時代からパソコンを駆使してつくったこれらのレポートは、チームの方針としてファイルにして残してある。

当時、毎月一回選手一人ひとりに、「よくがんばった」とか「いい成績が出てきたな」などと励まし、それと同時に、「今月はどうだった？　もうちょっとこうしたほうがいいんじゃないか」などと、目的意識を鼓舞するような文章を書いて渡していた。

そして、各コーチと選手との交換日記のようなものを書くことも提唱した。そこでは、今日の練習、その目的、達成度、なぜ達成できたか、なぜできなかったかなどなどを選手が書き、コーチがそれに対してコメントをするというレポートが毎日やりとりされた。

書くことで目的意識ははっきりする。したがって、「がんばりたい」とか「一生懸命にやる」などというあいまいな書き方は即座に却下し、書き直しを命じた。

合格するのは、たとえば、「体重移動に対して」とか「ゴロを捕るときには」と具体的で、「そこを意識して一日やってみる」「今日、グラウンドで守備のミスを一球もしない」などと書いてあるものだ。そうすれば、「一球もミスしないと書いたけど、〇〇のような状況でミスしてしまった」と報告も具体的になる。明日の目標も意識できるというものだ。

選手は書くことで整理する。書くことで文章もうまくなり、よりはっきりとした目的意識をもてるようになるのである。

そうすれば、コーチのほうも、「意識が伝わってきた。この繰り返しをすれば必ずうまくなる。がんばろう」と励ましの言葉が書けるだろう。コーチの文章訓練になったことも事実だし、選手をよくみるということにもつながったと思う。

たしかに、この作業は大変だ。しかし、グラウンドで全員に目的を聞くのは不可能だ。大変なようでも、目的意識をもった練習をするためには有効だったのである。こうしてつくった分厚い記録を大事にしている選手も多い。

そして、これらの作業は、チームの方針が一致するという大きな成果をもたらした。これから、新しい教育を受けた選手たちが主力になっていくにしたがって、チームの結束はさらに高まるにちがいない。

「自由」は楽より苦が多いことを知らせる

私が「基本的に、選手が何をしようと、選手の自由に任せています」といえば、ほとんどの人が「なにを甘いことを言っているのだ」という感想をもつのではないだろうか。「自由」を、勝手気ままに振舞ってもいいのだから楽な生き方だと思っている人が多いということになるのだろうか。

しかし、私は、「自由にしていいよ」というとき、必ず次のようなことを言う。

「ヨーイドンといって今から試合をするとしよう。『よし、今日はやってやるぞ』『打つぞ、任しとけ』と思って打つか、『三振しそうだな』『相手のピッチャー、いやな気がするな』と思って打つのと、どちらがいいと君は思う?」

「これは打つ気でいくか、まだ結果が出ていないのに結果を気にしながら打ちにいくかのちがいになるけど、どちらを選ぶんだ?」

「君が監督の立場だったら、どちらの選手を使う?」

という具合だ。答えは明らかだ。選手は、監督が使いたがる選手になるために、練習を一生懸命にすることを選ぶだろう。うまくなるのに何が必要かと問われれば、それは練習なのだ。

だから、私は、練習するのかサボるのかの選択を選手の自由に任せる。「苦しい練習をサボるか、苦しいけれど練習してうまくなるのか、その選択の自由は君のほうにある」と、相手に下駄を預けてしまう。

そうすると、練習をサボった結果の責任は本人にあることになる。そこで、選手たちは自由が楽ではなく、むしろ苦が多いことを知るにちがいない。

自由というと、サボってもいいことだと考え、自由を履きちがえている選手がいる。酒を飲もうと、夜更かししようと、俺の勝手というわけだ。しかし、私が考える自由は、苦しいけどうまくなる自由も、自由のうちに入れるという自由だ。

朝の電車に乗ると、みんなが自由にあれこれ選択している様子がわかる。服装ひとつにしても、だらしなくしわしわの背広を着ている人、きちんとアイロンの糊の効いたワイシャツを身に着けている人がいる。

人前でどうかと思うような漫画を堂々と広げている人もいるし、化粧に余念のない女性もいる。なかには、大胆に弁当を広げている人もいる。眉をひそめる周囲の目などお構いなしだ。

こうした傍若無人の行為も、自由にはちがいない。

しかし、ビジネス書を広げて、「できそうな人だな」と思わせる自由もあるはずだ。要は選択の問題なのである。

私のいう自由とは、選択の自由だ。「今は苦しいけど、成長を信じる自由」と「成長を放棄して、今、快楽をむさぼる自由」だ。

こうした自由の味わい方、どんな自由を選択するかで、人を判断することができるものだ。伸びる人かそうでないかは、外からみただけでも大体わかるのである。また、自由に選択できるからこそ、人はがんばれるのではなかろうか。

野球もそのとおりで、どんな自由を選択するのか。選手にそれを任せることで、自発的な行動を促すわけだ。強制されて伸びる人はいないということをコーチは知るべきだろう。

第3章 部下の意欲を高める心理作戦

――個人を伸ばすメンタル・コーチング

「失敗してもいい」という励ましは逆効果

教育というと、すぐ環境整備とか指導方法が話題になる。

しかし、私の経験では、選手を育て上げるために優先しなければならないのは、決して環境や技術指導などではない。周囲の環境や指導体制をどれだけ立派なものにしても、本人にそれを汲むだけの器がなければ、育成や指導以前の問題なのだ。

「馬を川に連れていくことはできるが、馬に水を飲ませることはできない」というイギリスの諺にもあるように、結局は本人の選択ひとつ、さらにいえば、やる気ひとつで事態は一変するのである。

以前、いわゆる落ちこぼれや不良と呼ばれるような生徒ばかりを集めてつくった弱体ラグビーチームが、紆余曲折をへて全国優勝を果たすまでになるという、人気のテレビドラマがあった。

実際にこれは、名門中の名門、京都市立伏見工業高等学校ラグビー部をモデルにしたフィクションだったのだが、同校ラグビー部は最初、強豪とされた花園高校を相手に一一二対〇という屈辱的な大敗を味わったのである。

ラグビー部員とはいえ、別にラグビーが好きだったわけでもなんでもなく、しかも、ついこのあいだまで、校内で暴れまわっていたような生徒たちなのだから無理もないことだった。が、彼らはその試合の後で泣き出してしまったのである。この瞬間、当時の総監督・山口良治氏は、「こいつらはいける！」と、確信したという。

はじめから負ける気で臨んだ試合なら、涙など出るはずはない。彼らの中には、「勝ってやる」「負けたくない」という気持ちが少なからずあったのだ。その気持ちがある限り、可能性は無限大に広がる。

そして実際、その屈辱の一戦が、彼らのやる気を奮い立たせる結果となった。あの屈辱は二度と味わいたくない、どうしても「勝ちたい」という一念が、後の全国優勝の起爆剤となったのである。

野球でも、試合の最中に、「打たれてもいいから思いきり投げろ」とか、「三振してもいいから思いっきり振ってこい」などという励ましの言葉をアドバイスとして選手にかけることがよくある。しかし、こうした励ましの言葉ばかりでは、なかなか選手の能力は伸びにくいということが、実際問題として私には感じられる。

勝敗が関係ないとなれば、それはしょせん練習の延長でしかない。しかし、今、勝たなければ未来永劫に勝てる日がこないとなれば、誰でも必死になってプレーすることだろう。

そして、この必死のプレーや全力を尽くして戦うことの中から、本当にたくましい選手が育ってもくるのだ。ファームでの試合でも、必ず今日は勝つという強い信念をもっていなければ、結局どこで試合をしても通用しないのである。

「絶対に勝つんだ」と強い信念をもって臨んだ試合で、みごと勝利できたのなら、それはそれでこれほど嬉しいことはない。しかし、そうした信念でやりながら負けてしまったとすれば、これほど悔しいこともない。

強い思いをもって臨めば、勝っても負けてもどちらであっても、その感情は必ず次の試合への強力なエネルギーに転化されていくものなのだ。

大体、「絶対に勝つ」という根本的な意識がチーム全体になければ、試合そのものが単なる練習、トレーニングに終始してしまう。

選手は、周囲も自分も、一軍にいってから急に勝つことを意識するようになってくるが、それでは一歩も二歩も出遅れているのだ。

勝利に貢献できる選手を育てるためには、勝ちたいと思う選手が増えなければならない。「失敗してもいい」などと悠長なことを言ってはいられない。ファームの試合でもなんでも、「今日は絶対に勝つ」ということを、まずは第一に心に刻んで臨まねばならないのだ。

楽しむ余裕は、いいプレッシャーから生まれる

試合をしていてもあのチームは雰囲気がちょっとちがう。選手たちが楽しそうにしている。なんだか勢いがある――。

二軍の監督に就任し、二年を経過したころになると、周囲からはそうした声がチラホラと聞こえるようになってきた。

就任して最初に打ち出した方針は、「選手のプレーの結果に対して怒るのをやめる」ということだった。こちらが指示してやらせるのではなく、あくまでも選手自身に考えさせ、自発的にやろうとする気持ちを引き出すことこそ、勝利への突破口と考えたからである。

当初はみんな変に思ったらしい。選手が重大なエラーをしてきても、なかなか怒らない。一生懸命応援しているファンにしてみれば、腑に落ちないのもわかる。チームをピンチに陥れたエラーを放っておくのかと、少なからず業を煮やしただろう。「おい、アメリカ帰りの若い監督よ。随分選手を甘やかしているじゃないか。そんなんじゃ選手はよくならないぞ」などと、散々言われたものだ。

たしかに、当初、一〇〇試合やって三六勝しかできず、これは当時のイチロー選手の打率、三割八分よりも私たちの勝率の方が低かったことになる。罵声をあびるのも無理はない。

しかし、私たちはそう遠くない将来の勝利を確信していた。選手たちが徐々に自発的になって、伸び伸びとプレーをしていることが、はっきりと感じられるようになってきたからだ。

彼らはチームとして戦っていた。ベンチで座っていても横を向いている選手など一人もいなかった。全員が試合に集中しているのだ。

選手が少ないときには、たとえば一〇人しかいない上に、五人がキャッチャーというときもあった。すると、ファーストもキャッチャー、レフトもキャッチャー、ベンチに座っているのもキャッチャーということになる。これではやはり勝てるはずなどない。

おそらくこの状態では、どうせ負けるとわかっているのだから、「とにかく思いきりやってこい！」という指令がとぶのが常だろう。

しかし、私たちの場合はちがっていた。

これだけしかメンバーはいないが、今日はこのメンバーで「何とかして勝とう！」ということで試合に臨んでいた。メンバーが悪いから負けて当然ではなく、悪くても勝つ、いや悪いからこそ勝つ、悪くても勝つことに大きな意味がある、悪くて勝ったときに得るものは大きい、ということをずっと言い続けてきたのである。

結果、二年目が五七勝で一ゲーム差の二位。三年目一位。四年目も一位となった。コーチ陣は、ファーム試合の段階から「絶対に勝とう」といういい意味でのプレッシャーを毎日毎日かけながら、それにより選手自身が試行錯誤して生み出す数々のプレーを、見守り続けてきたにすぎない。

日本シリーズとは、まさに天下分け目の合戦の場である。しかし、二軍のときからずっと、「絶対に勝つ」という意識でプレーしてきた選手たちにとっては、本領発揮の晴れ舞台でもあった。

今まで自分たちが取り組んできた力を、いよいよ発揮するときがきたと、よいプレッシャーはワクワク感にもなっていった。

選手全員が、そうした万感の思いを込めてプレーをする姿が、結果として、ファンをはじめ周囲の人たちに、「選手たちが楽しんでいる」ようにも見えたのだろう。日本シリーズという晴れ舞台に立てたうれしさだけでは、こんなに楽しめるものではない。

どのような状況にあっても、楽しめる準備を選手たちがしっかりしてきたからである。その結果が、楽しんでの勝利、優勝につながったということでもあるのだ。

コーチングにおける「有言実行」の効用

不安を抱えている選手に対し、「大丈夫だ!」と声をかけることがよくある。しかし、そこに深い根拠はない。

だが、「大丈夫だ」「やる気ひとつだ」といったプラスの言葉を言い続けていると、本当にできそうな気がしてくるのだから不思議である。明らかに選手の顔がなんともいえぬいい表情になってくるのだ。

私自身も、「本当に大丈夫、これならいける」という気持ちになってくるし、結果的にもやはり、そのとおりの展開になっているのだ。

これは、メンタル・トレーニングの「強化の法則」で得られる効果のひとつでもある。自分が達成したいことをイメージすればするほど、口に出して言えば言うほど、それが達成される確率が高くなるというものだ。

一九九〇年のシーズン中、私は肩を負傷し大きな手術をうけた。再起不能とまでいわれていたが、一九九一年のシーズンで、「カムバック賞」をもらうまでに回復し、引退の危機を乗り越えた。実は、その完全復活のシナリオこそ、このメンタル・トレーニングの中にあったのだ。

つねに自分の目標をイメージし、言葉に出すために、その内容を紙に書き出すということをした。

まずは、達成したい目標の期限と内容である。そして次は、その目標が達成されたときの価値を表現し、さらには、目標達成のための方法、計画を詳細に書き出していく。そして最後は、もう一度最初と同じ目標を書いた。

前述の「自己指示の確認書」である。

確認書ができあがったら、今度は、同じものをさらに五枚ほど作成した。これは、日常よく目にふれるところに貼っておくためである。そして、それを目にするたびに必ず声に出してそれを読み、そして、それが実現されている光景をできる限りリアルに鮮明にイメージするようにする。

これに加えて私は、朝に目を覚ましたら、起き上がる前に一度それを読み、さらにその日の自分の目標や行動を頭の中でリハーサルすることにした。

また、練習に出かける前にもう一度読み、その日の課題とそれが達成されているイメージを描き、さらには夜、就寝時にも読み、その日一日の目標や予定がうまく達成されたかどうかを反省して記録票に記入し、翌日の目標を確認してから眠りにつくということをしていた。

私の目標は、「一九九一年のシーズン終了時に、一三〇試合すべてに出場し、一三〇本以上のヒットを打ち、故障から完全復活して、深い満足感をもってシーズンオフを迎えている」というものだった。

これを日々、「達成できる」「やればできる」と、繰り返してきた結果、前述のような、わがプロ生活人生最高ともいえる成績を残すことができた。

個人的な例のみならず、もちろん集団であってもこれと同じことがいえる。

全員がチームとしての適正な目標を確認しあい、それに向ってイメージをふくらませ、言葉をかけあうことで、個人個人の意欲や自身が高まり、チーム全体としてのモチベーションや一体感も高まっていくのだ。これにより、確実に目標達成の方向、より良い方向へどんどん転がっていくのである。

緊張感は成功意欲がある証拠

一般には試験でも試合でも、その直前から本番にかけては、いかにリラックスしていられるかがとても重要だとされている。実際にメンタル・トレーニングの場でも、最初は緊張をほぐし、心身をリラックスさせる練習から入る。

しかし、こうしたメンタル・トレーニングをずっと続けていくうちに、緊張感というものも、実は必要不可欠な存在だと気づかされるようになってくる。

正確にいえば、緊張感をいかにうまくコントロールして、いかにもてる能力を最大限に引き出せるか、ということだ。緊張感は、そのままむき出しで扱えば、恐れのかたまりでしかない。だが、それがうまくコントロールされれば、大きな能力を引き出すことにもなる。

当然、もともとの緊張感が少なければ、能力を引き出すパワーも少ない。緊張感はあればあるほど大きなパワーを引き寄せてくるのだ。まさに、緊張感とは諸刃の剣なのである。

失敗しても成功してもどちらでも構わないと思っているような人間は、微塵の緊張もない。「失敗してはならない！　どうしても成功したい！」と、切望してこそ人は誰しも大きな緊張感に襲われるのだ。

つまり、緊張感とは成功を意識した状態、成功意欲の表れなのである。

たとえば、遊びでやるゴルフの場合など、みんなが見ている最初の一打くらいは緊張するかもしれないが、後はほとんど緊張感などわきあがらないだろう。

たとえ一メートルのパットを外したとしても、それが別に大きな勝負にかかわっているわけでもないとなれば、プレーする楽しさこそあれ、緊張など感じるよしもない。

だが、ひとたびそこで賞金がかかったり、どうしても負けられない勝負の場面ということになると、その瞬間にプレッシャーに襲われ、とたんに緊張感が体中をかけめぐることになるだろう。

これは、「絶対に成功してやろう」という気持ちの表れであり、言い換えれば、成功意欲の表れにほかならない。緊張感を抱えている人間とは、巷間言われる気弱な人間ではなく、実は成功意欲のある非常に喜ばしい見込みのある人間なのである。

だから、ここで指導者側が、「おい、リラックスしていけよ」などと声をかけてしまっては、せっかくの緊張感、まさに燃えさかる成功意欲に水をそそいでしまう結果となりかねないのだ。

そもそも私がメンタル・トレーニングをはじめた理由は、緊張することがいやだったからだ。それを克服しようとしてはじめたメンタルトレーニングのはずが、次第に緊張感の隠された一面とその効用に気づかされることになり、緊張感への恐れを克服できたのである。

そこからさらに緊張感を深く追求してみてわかったことは、「ワクワク」する気持ちがとても大切だということである。

緊張感を恐れとしてではなく、もてる能力を最大限に引き出すパワーとしてもちいるために大切なことは、子どものころ、野球の試合前夜に抱いたような、あのワクワク感を呼びおこすことだったのだ。

「おい、明日は絶対勝つぞ！」仲間たちとそう誓いあって臨んだ試合は、勝つと本当にうれしかったし、負けると無茶苦茶悔しい思いをした。勝っても負けても懸命に練習し、そしてその判定を待つ試合前夜はドキドキして眠れなかった。

仲間たちといつも一緒になり、一途に白球を追いかけていた野球少年だったころの自分の中に、成功への道標を見出す大切な答えがあったのである。

あらゆる状況を想定してこそできる一瞬の判断

今では、選手自身がイメージトレーニングを行なうことは、どのスポーツの世界においても一般的なものとなっている。

もしそのときに伸び悩んでいるのであれば、抱えている問題についてどのようなアプローチでいけばいいのか、問題はどこにあるのか、他に何かいい方法はないのかなどといったことを、選手は絶えずシミュレーションし考え続けている。

また、選手のみならず、コーチや監督といった指導者側でも、あらゆる事態が想定されていなければ選手とともに戦っていくことは困難だろう。

たとえば、私の場合なら、まずはやはり一日のリハーサルということになる。

朝起きて一時間ランニングをする。食事はどういったものを摂るか、練習がはじまったらどこをどう指導していくかなど、詳細に一日のスケジュールをすべて想定し、イメージの中でリハーサルを行なう。

その場面場面での、自分のメンタルな部分や集中度などといったところまでを、ずっとたどってみるのだ。

私は試合時、サードベースコーチャーをやっている。同じコーチという立場であっても、サードベースコーチャーとなれば内容も変わる。

自分のストップかゴーの判断が正しいかどうかで、直接勝敗が決まってしまうことにもなるため、失敗は許されない。そういう立場にいると選手同様に、一度の失敗がどうしても尾を引いてしまうことにもなる。

きわどい判断でホームを突かしてアウトになった場合など、次はどうしても慎重になってしまう。

しかし、ここで臆病風に吹かれていては話にならない。恐れる気持ちをキッパリと断ち切り、まったく新たな気持ちに立ち返って、自信をもって次の判断に臨まなければならないのである。

一瞬一瞬を素早く想定し、確実な判断を下さなければならない使命を背負うようになった今、選手時代と同じような、実践的なメンタル・トレーニングを行なってもいる。

一瞬を的確にとらえて判断するには、その場しのぎ的な判断ではなく、すでにあらゆる状況を想定した上で、その中から判断していかなければならない。

試合のときに全力を出し尽くして戦おうとしても、それ以前にあらゆる場面が想定されていなければ、あてずっぽうに判断をその場その場で下しているだけの、バクチとなんらかわりのないものになってしまうだろう。

つまり、普段の練習からすでに、そうしたいろいろな場面が想定されているのである。だから、練習でも「負けてもいいから思いきりやってみる」という発想ではなく、つねに勝つことを意識して、万全の態勢で球場に入り（準備の全力）、全力で考え（頭の全力）、全力でメンタルを整え（心の全力）、全力でプレーしなければならない（体の全力）のだ。

こうして、普段、全力で行なった状況判断の積み重ねの中から、最終的な判断が瞬時にして下されていくのである。もちろん、最後の判断も全力で出されなければならない。

つねに、何に対しても全力で向かい合っていればこそ、一瞬の判断にもゆるぎのない自信が裏打ちされ、功を奏していくことになる。そして、それが結果として大きな実績にもつながっていくのだ。

厳しくても「正しい評価」が選手を奮起させる

私たちの球団は、他球団から戦力外通知を言い渡されたような者や、二軍から上がってきた者が、なぜか力を伸ばして活躍をしている球団、というイメージでとらえられることが多い。しかし、こうしたことは偶然におきていることではない。

それは、もともと実力は十分に備わっているのだが、それをなかなか生かすことができなかったり、認められていなかったり、または、正しく評価されていないためにおこっているにすぎない。

たとえば、今では球界を代表するまでに成長した高橋信二選手などもその一人だ。彼は入団から三年目にして、ファームの試合でもほとんど出られない状態にあり、さらには契約打ち切りの危機的状況にも迫られていた。

しかし、その後、ファームの正捕手として結果を残し、一軍の正捕手に定着した。さらにファイターズの捕手として歴代最多の二六本塁打を打つという快挙を成し遂げ、オールスター戦にも出場したのだった。

高橋選手をはじめ、なぜか急に頭角を現してくる選手というのは、たまたまこうした状況になっているわけではない。そうなるべくしてなっているのであり、もともとそれが本来の姿なのだ。

決して選手の使い方の問題ではない。あくまでも正しい評価ありきなのだ。それが、選手に本来の力を呼びおこさせているだけにすぎない。

たとえば、二軍の選手が一軍に上がってきた場合などは、そこから技術を伸ばすということに力をおくのではなく、その時点で選手がすでにもっている技術を評価し、それを本人に気づかせ、自信をもたせてあげることが大切だといえるだろう。

二軍から上がってきた選手というのは、一軍で活躍する技術をもっているということが認められた結果である。あとは、選手自身がその事実をどこまで認め、自信をもってプレーしていけるかどうかなのだ。

もし仮に、「おまえ、ファームでは活躍したらしいが、一軍はそんなに甘い世界じゃないぞ。これでダメならまた二軍だからな」などとコーチに言われたのなら、瞬間、その選手は少なからず自信を失ってしまうことになるだろう。

コーチとしては悪意があって言っているわけではない。むしろ心配してそう激励しているつもりなのだろうが、これでは本来の実力よりも、恐怖心が先に立ってしまう。

これを、「二軍からよい報告を受けているが、肩がすごいらしいな。思いきっていこうぜ！」と言ったらどうだろう。

これは決して不自然な激励でもお世辞でもなく、正しい評価を選手に告げているにすぎない。そして、この正しい評価が、がぜん選手の士気を高め、よい結果を引き寄せることになるのだ。

正しい評価ということでいえば、選手によってはかなり厳しいアドバイスを言い渡さなければならない場合もある。

三〇歳を超え、低迷を続けているベテランの選手などがそれだ。二〇代のころは輝かしい活躍をした経歴があっても、延々と低迷を続けている場合は、どこかでこれまでとはやり方を変えない限り、現状を好転させていくことはできない。

実際、二〇代のころと同じトレーニングを続けていても、もはや体そのものが二〇代のときとは変わってきているのだ。

年をとってからの挑戦は非常にこわいことでもある。しかし、このまま一生懸命努力し続けても結果が出ないということの方が、それ以上の恐怖であるにちがいない。

もはやチャンスの少ない限られた時間の中で、どのみちがんばっていくのであれば、「過去は捨て、新しいことに勇気をもって挑戦していこうよ」というアドバイスしか残されてはいないのだ。

この言葉を真摯に受けとめ、そこから挑戦できた選手はやはり結果を残すことになる。ときにはシビアであっても、正しい評価とは選手の力を最大限に引き出す妙薬なのだ。

どんなプレーでも「ナイス・トライ」と出迎えた監督

北海道日本ハムファイターズ優勝の立役者、ヒルマン監督との出会いは、一九九七年に、私がニューヨーク・ヤンキースにコーチ留学をしたときだった。

指導者だけでも四〇人近くにものぼる花形球団の中にいて、ヒルマン監督の存在というのは、まわりのコーチたちからの信頼も厚く、ひときわ目立っていた。渡米して言葉もなにもわからない状態だったためか、私にとってはとくにその存在の輝きや雰囲気といったものがよくわかった。

このとき私は、こんな人が日本の野球界で監督をやったらどんなにすばらしいことだろうと真剣に考えたのだった。

次期ニューヨーク・ヤンキース監督候補といわれるほど優秀な監督なのだが、毎年優勝し続ける同球団にあっては、監督が交代することなどありえなかった。しかし、ヤンキースを離れたことで、ファイターズにヒルマン監督招聘のチャンスがめぐってきたのである。

あの日の思いがまさか実現するとは、信じられない気持ちでいっぱいだった。

当時、私が二軍で行なっていた指導は、これまでの日本球界にはないやり方だった。ヒルマン監督は、「それが一番大事なことだ。一軍でもそれをやっていこう」と、新たな指導方針を打ち出した。

これまで一軍の選手たちは、指示、命令という指導を受けてきていた。また、失敗をすれば叱責されて当然であり、そうしたことに慣れきっていたのだ。

しかし、ヒルマン監督はまったくちがっていた。彼はとにかく選手を褒めるのである。そこまで褒めなくてもいいというぐらい、とにかく褒めるのだ。そして、アメリカ人の監督に褒められると、褒められ慣れていない選手も嬉しくなってくる。

ベテラン選手が失敗したときであっても「ナイス・トライ。やろうとしている姿が出ていたぞ」と、限りなくいいところをみつけて褒めてあげるのだ。これで喜ばない選手など、どこにもいないだろう。

しかし、これまでの指示、命令、叱責という指導方針とは一八〇度逆のこうしたやり方に、最初は戸惑う選手も多くいた。とくに、ヒルマン監督に言われる分には素直に喜べても、これまでの指導者側の人間に言われたのでは、ある意味説得力に欠けているため、逆に不信感をもたれたりもした。

しかし、これも二年目になるとまったく変わってきていた。チーム全体が活性化されはじめたのだ。とくに二〇〇四年九月二〇日、プレーオフをかけ、一試合も負けられない試合が続いた中での試合で如実に表れた。

三回表、ホークスの攻撃が終わった時点で、八対二と大きく私たちは引き離されていた。プロ野球で六点差は致命的である。どれほど監督が激励の言葉をかけ、選手がそれにうなずいてみせたところで、その実、心の中では「ムリムリ、六点もあいているんだから」と、普通であれば弱気になってしまうものだ。

しかし、ファイターズはちがっていた。監督やコーチが言わずにいても、すでに選手一人ひとりが「逆転するぞ、こんなにたくさん応援してもらってるんだから、絶対あきらめるなよ」と、本気でそう思ってプレーをしていた。

そして、本当に逆転したのである。もしこれが、指示、命令、叱責型の義務感でやっているチームだったとしたら、逆転につぐ逆転劇のすえ、勝つなどというプレーはできなかったにちがいない。

試合前の一言がこんなに結果を左右する

指導者は、大別すると二つのタイプに分けられる。

一つは、選手のミスを叱ったり、細かく指摘したりするタイプだ。たとえば、いくらメンタル・トレーニングを万全にして臨んだ試合であっても、ミスは避けて通れないものだ。しかし、そこでミスをしたらすぐに気持ちを切り替え、次の試合にむけて、また一つひとつ、一〇〇パーセントの準備をしていかなければならない。

そうして万全の体制で臨もうとする矢先、せっかく積み上げた準備を突き崩すかのように、「お前の昨日のミスはベテランらしくない」などと、しかも試合直前に言われた日には、選手にとってこれほど悲劇的なことはない。

だが、このような指導方法は、わが国においては伝統のようなもので、スポーツ界はもとより、いろいろな場面で幅をきかせてきた。

実は、現役時代の私は、こうした指導方法に対してつねに疑問を感じていた。選手の心理をとらえ、しっかりとサポートのできる指導者が必要だと痛感していたのだった。

実際には、少数派とはいえ、当時からメンタルの重要性を感じ、指導にあたっていた指導者もすでに何人かは存在していた。そうした指導者たちは、試合前に、選手の培ってきた大切なイメージを崩し去るようなことは決して言ったりはしない。

彼らはあくまでも、イメージをさらに高めるような言葉を使うのである。こういった手法をとるのが、もう一方の指導者のタイプだ。

選手は誰しも不安を抱えている。試合前であればなおのことそうである。本当にワクワクとして試合に臨むことのできる選手などほんの一握りにすぎないものだ。

また、不安を解消するための手段として、失敗への予防線を張る人が、とくに日本人には多く見受けられる。あきらかに有言実行からかけ離れている。

「オレは絶対に成功する」と言って失敗すると、周囲は「あいつはそんなこと言うから失敗したんだ」などとバッシングをする。本人は絶対成功できると思っていただけに、さらにその精神的ダメージは大きくなってしまう。

本当は、こうした精神的なダメージやショックというものが、次へのエネルギーに転化されるべきものになるはずなのだが、周囲の批判などが度を越して高かったりした場合には、どうしてもその力に負けてしまい、だんだん不言実行のようなことになってしまう。

不言実行ならまだいいのだが、単に言い訳をすることによって、失敗した場合の精神的負担を軽くすまそうとするようなことにもなりかねない。

しかし、精神的負担が重かろうが軽かろうが、失敗は失敗なのである。

だとすれば、プレーをはじめる前にわざわざ予防線を張ったり、失敗したあとの言い訳を考えたりしていたのでは、まさに無駄な抵抗以外のなにものでもない。

同じ力量の選手がスタートラインに立った場合、「失敗したらどうしよう」と恐れているのと、「今日は絶対勝つ、成功してみせる」と、期待に胸を膨らませているのとでは、明らかに後者の気持ちでプレーをした方が好結果を生む確率が高い。

私たち指導者は、試合開始のスタートに立った選手に対しては、もはや技術や体力を与えてやることはできない。そこで与えられるのは限られた言葉しかないのだ。

大事な試合でミスが許されないことなど、選手自身が一番わかってもいる。そうした言葉をかけることは、いよいよ選手を追い詰めることになってしまうだろう。

せっかく手塩にかけた選手がスタートラインに立つのだ。下手なプレッシャーをかけることではなく、「おまえなら絶対できるぞ、自信もっていけよ！」と、激励して送り出すに越したことはないのだ。

抽象的なアドバイスはまったく役に立たない

とくにスポーツの世界において、心を鍛える、いわゆる精神論を語る場合、これまでは、根性や忍耐が重要視され、実際、必死に歯をくいしばって厳しい練習やしごきに耐えぬくことがよしとされてきた傾向がある。

しかし、こうしたスポーツ根性物語は、もはや時代遅れといえるのではないだろうか。

根性論でつらい練習を積み重ねてきて、いざ本番になったとたん、「おまえはよくがんばってきた。あとはリラックスしていけ」と、突如言われても、その肝心要のリラックスの仕方がまるで学習されていなければ、その言葉は空疎なものでしかない。「集中していけ」と言われても、何にどう集中していいのかもわからない。かえって頭の中は雑念でいっぱいになってしまうことだろう。

本当の精神論、心を鍛えるやり方が間違っているという以前に、そうした学習の機会が、私たちの生活の中においては、どこにも与えられていないため、これは当然の結果でもある。

心を鍛えることが、根性や忍耐をとおして身につくものであれば、なぜ試合の前にいまだに大きな不安や緊張感を感じてしまうのだろうか。

緊張を緩和するために必死でトレーニングを積んだところで、それが本番でほとんど効果のないことや、むしろマイナス作用さえあることに、現役時代、私は気づいていた。しかし、そこで何をどうしたらいいのか、まったくわからなかった。

そんなときに出会ったのが、前述の白石先生だったのである。そこには、東洋的なヨーガの世界や瞑想、西欧的なリラクゼーションの手法である自律訓練法など、これまでの根性論などとはまったくちがう世界が広がっていた。

つまり、精神論や根性論といった抽象的なものではなく、具体的にすべきことがはっきりしていた。

こうしたトレーニングを積むと、自分のイメージする目標が、詳細でリアルに頭の中にしっかりと備わっていくようになる。イメージが鮮明であればあるほど、自分のやるべきこと、あるべき姿がクリアにもなってくる。つまり、そこに緊張や不安などといった、不鮮明で曖昧な部分が入り込む余地がなくなってくるのだ。

技術的な面で練習を行なう場合には、前述したように、具体的にその内容を全部書き出し、今度はそれを目につくところに貼り出すということをした。毎日毎日、一〇回以上は読んでいたため、実際にイメージがどんどん強化されていったことも体験としてわかっている。

指導者はこうした精神面もさることながら、当然、技術面もしっかりとサポートしていかなければならない立場にある。つまり、選手がスタートラインに立ったときに、その選手のできあがった技術をフルに発揮させてやらなければならないのだ。

しかし実際には、その大事な場面で、すべてを台無しにしてしまう指導者が多いというのが現実だ。根性論や精神論など抽象的な指導は、選手を迷わせたり恐れさせたりと、いいことはひとつもない。

抽象的な指導では、何か自分がよくないということだけは伝わったとしても、では具体的には一体どうがんばればいいか、選手には皆目見当もつかない。

たとえば、「今日のピッチャーは球が速くて、高めのボールが伸びてくるから気をつけろよ。あんな球、何回打ったって絶対当たらないからな。気をつけていけよ」と、コーチが一生懸命にアドバイスやサポートをしたとする。

しかし、考えてみると、これでは本当の意味でのサポートや指導になっていないことにお気づきだろうか。少なくとも私にはわからなかった。

「気をつけろよ」で終わってしまっては、何をどう気をつけるのかわからないし、どう行動すべきかのアドバイスにもサポートにもならないのだ。

「だから、今日は低めの球を狙っていこう」といった具体的な言葉だけが、本当のアドバイスやサポートであり、指導者としての最低限のスキルなのである。

ともに喜び、ともに悔しがるコーチは信頼される

以前、テレビのＣＭに、「この仕事はすべてお前に任せた。しかし失敗は許されないぞ」と、上司が部下に言い渡すシーンがあったが、これには思わず苦笑いさせられてしまった人も多いのではないだろうか。

これほどあからさまでなくても、同じようなことは実際よくおこっているのだ。

たとえば、前述のように、「今日のピッチャーは球が速くて、高めのボールが伸びてくるから気をつけろよ。あんな球、何回打ったって絶対当たらないからな。気をつけていけよ」というアドバイスをコーチが選手に伝えたとしよう。

そうしたアドバイスを行なう指導者は、自分の言葉がけが抽象的でわかりづらいものだったという、自分側の不手際や未熟さを棚上げにして、結果に対して選手を一方的に責めることが多い。

「ヤル気を出せ」「成果を上げげろ」と、叱咤激励はするものの、それで失敗しようものなら「お前のせいだ」と、一方的にやられてしまうのでは、選手だろうが部下だろうが、納得できるはずがない。

しかし、上に立つ者がここで具体的な指示をし、失敗したときにはともにその原因を探る態度で接していたなら、部下や選手の気持ちもどれほど前向きで積極的なものになるかしれない。

すでに書いたとおり、二軍監督に就任した当時の試合成績は、一〇〇試合のうち三六勝という散々なものだった。一〇人しかいない野手のうち五人がキャッチャーで、しかもその中には高校から入団した一年目の選手が三人という構成メンバーだったのだから、仕方のない話でもある。

しかし、私たちはつねに勝つことを念頭において一戦一戦を戦っていた。対戦相手が首位のチームであっても、「この人数で勝ったらすごいぞ、勝とうぜ勝とうぜ」と、つねに勝つ気で臨んでいたのだ。

決して恵まれた環境下にはなかったが、たとえどんな状況におかれていても、私たちはいつでも同じ目標に向かってともに歩み続けていたのだ。

だから、試合に勝った日には本当に全員が喜び合った。負けたときは、一緒になって悔しがった。そこに、選手や指導者の垣根はない。みんなで全力を尽くし、喜ぶときにも悲しむときにも全力でそれを分かち合っていた。

三六勝しかできないときでも、それでも勝つときは勝つのだ。そのがんばりが嬉しくて、この状況下でよくぞやってくれたものだという思いで胸がいっぱいになり、思わず涙がこぼれてしまうこともあった。もともと私は涙もろいところがあるのだが、選手のがんばりに感動し、実際に何度かは泣いてしまった。

するとそのうち、「おい、今日も監督泣かしてやろうぜ」と、選手の間では合言葉になってしまっていたようだった。私を泣かせるということは、つまり勝つということとにほかならない。

勝っても負けても選手とともにその思いを分かち合うことで、同じ目標に全員の焦点が定まり、ぶれることなくその方向に進んでいった。その結果、一軍でもそれが現実のものになり、日本一の栄冠をおさめることにつながったのである。

コーチングとは、相手が行きたい場所に連れていくこと

コーチングとは、自己実現のために行なわれる手法で、「その人が行きたいところに連れていってあげる」といったニュアンスがあることも前に述べた。

指導する相手が、どんな将来像をもっているのか、問題をどのように解決していくのか、そしてどのようなゴールにたどりつこうとしているのか、またそれを達成するための方法は何か。

こうしたことへの回答や解決法は、第三者に指図されるといった形ではなく、全部その人の中にあるという前提で、指導者側は接していくことになる。

しかし、たとえば、上司からみた場合、どう考えても答えをもっているようにはみ

えない部下もいる。

たしかに、まったくパソコンに触ったことのない人をパソコンの前に座らせ、どうやって操作していくのかと聞いたところで、どうにもなるものではない。この場合はコーチングではなく、ティーチングの実施が大部分になってくるだろう。

しかし、答えがなければないなりに、パソコンを使ってどうなりたいと思っているのか、何をつくり上げていきたいと考えているのかを察してあげる。

今は使えないとしても、そのためにはどうしたらいいと思っているのかというところからスタートし、本人に気づかしていくのがコーチングのやり方なのだ。

最初は、全部指示していくというティーチングのやり方のほうが手っ取り早く思える。しかし、答えがなければないなりに、それをどう探していったらいいかを本人に考えさせるスタンスを重要視する。

だから、たとえ上司がその答えがわかっていたとしても、それをそっくりそのまま本人に与えてやるのではなく、一例として示すということだけにとどまらねばならない。ここが、ティーチングとのちがいでもある。

示されたその例を、採用するかしないかは本人次第であり、答えはあくまでもその本人の中にしかないのだ。

その人が本来もっている能力や可能性を、最大限に発揮するための答えをみつけ出すには、コーチとの対話が必要不可欠となる。それにより、まずは実現したいゴールを明確化しなければならない。

そして、行動を継続しておこしていけるように、定期的にコーチにチェックしてもらいながら、その段階での目標をそのつど繰り返していくことになる。

そのようにしてこそ、本当に本人が「行きたい場所」に、本人がたどり着けるようなコーチングが可能になる。

通常、自己実現のためのコーチングには三つのステップがある。まずは、差し迫った目先の問題を解消するための準備ステップだ。目先に重大な問題があるとすれば、これほど落ち着かないことはない。自己実現などといっている場合ではない。

まずはこの問題を片づけてしまわなければならない。

それが整理できた時点で、第二ステップでは、自分の人生の使命を理解し、目標を設定することになる。多くの人たちは、この第二ステップを踏むことなく人生を歩み続け、やがて終焉を迎えているようにも見受けられる。

つまり、それほどこの第二ステップを踏むことが難しいということでもある。

しかし、ひとたびこの段階が完了してしまえば、その人は目標に対して大きな意欲と情熱を手に入れることになる。あとはその意欲と情熱にしたがってまっしぐらにゴールに向かうだけである。これが第三ステップだ。

すべてが人からの指図ではなく、自分の意思によってなされる行動だからこそ、「自分の行きたいゴール」にたどりつけるのだ。

コーチとは、あくまでもそのための有能なサポーターにすぎない。

「見守ってくれる人がいる」ことはやる気につながる

「ファンサービス・ファースト」。これは、ファイターズが北海道へ移転してきて最初の目標であり、合言葉でもあった。チームの勝敗を考えるより先に、まず第一は、ファンを大事にしようというものだった。

球団の移転が決まったと同時期、私たちは北海道に遠征にくることになった。いいチャンスだから、そこでまずできることは何かということからはじまり、まずは道民の方々と実際にふれ合う機会を多く設けようというところから、取り組みをはじめていった。

札幌ドームでの試合はナイターだったため、午前からお昼にかけて時間的な余裕があった。そこで、監督、コーチ、選手たちがそれぞれ別の小学校を訪問し、子どもたちと一緒に給食を食べるという機会を設けたのだ。

そこで、子どもたちにファンになってもらい、応援にきてもらえるきっかけをつくれば、家に帰ってから子どもたちが球団の話題を親や周囲に話してくれるにちがいないと考えていた。もちろん子どもを元気づけることにもなる。

「今度の日曜日は応援に連れていってね」という家族の団らんから、応援の広がりが増えてくれるのではないかという期待があったのだ。

しかし、実際にこの企画を始動するにあたり、選手たちに要請してみたところ、みな一様に表情を曇らせていた。大事な試合前に学校給食では、出せるパワーもへこんでしまうといったところだったのだろう。

最近でこそ、プロ野球の世界でもファンサービスということが盛んにいわれるようにもなってきたわけだが、まだまだ野球界の体質は、グラウンドで活躍してこそのファンサービスであるとの考えが根強く残っていた。

実際、一昔以前は、現場の監督やコーチの間には、選手がファンサービスをしているとなると、「おまえら、ファンにサービスしている時間があったら、バットの一本でも振っておけ、無駄なエネルギーを使うな、本当のファンサービスは試合で活躍することだ」というような風潮があった。

こうした背景も手伝い、選手たちに学校へ行くように要請したときには、皆あまりいい顔をしなかったのである。しかし、球団として取り組むということで説明すると、選手たちも納得し、各学校に散らばって行った。

そして、一時半の集合時間に合わせて戻ってきた選手たちは、出かけて行ったときとはまったく別人のような顔になっていた。

一人ひとりが晴れ晴れとした、実にいい表情に変わっていたのだ。

「行ってすっごくよかったです」「楽しかったです」「子どもたちがとても喜んでくれました」と、それぞれが嬉しそうに話していた。

そして、選手たちがみんなで最後に言った言葉は、「今日の試合は絶対勝とうぜ！勝って子どもたちを喜ばせてやろうぜ！」だった。

ファンサービスの一環として、ファンを元気づけるために行ったはずの選手たちが、逆に子どもたちからたくさんのエネルギーをもらって帰ってきたのだ。与えに行ったつもりが、逆に多くのものをもらって帰ってきたのである。

ファンサービスをすれば、それだけ喜んでもらえる。そしてもっと喜んでもらいたいからがんばる。そのやりとりの中でだんだん親近感が生まれ、二〇〇六年のシーズンは十三試合も四万三千人以上という満員の観衆でスタンドが埋まっていた。まさか移転三年でこれほどまでになるとは思いもしなかった。

これだけ応援してくれている人たちがいるということが本当に嬉しくもあり、選手たちがうらやましくもあった。現役を引退して十年になる私だが、これだけ応援してくれる人たちがいてくれたら、今でも打てるかもしれないぞ、と思ってしまったほどである。

それぐらい応援してくれるファンの力とは大きなものなのだ。

小さなファンから教えられたこと

選手たちが小学校へ出かけ、子どもたちと給食を一緒に食べるという企画は、実は、私の子どものころの実体験から出たアイディアでもあった。

私は香川県出身であるにもかかわらず、日本ハムの大ファンで、よく周囲からも変わっているといわれていた。そもそも、なぜ日本ハムを好きになったかといえば、子どものころにはじめて見たプロ野球選手が、日本ハムの選手たちだったからだ。

当時、日本ハムは香川県の隣、徳島県鳴門市で春のキャンプを行なっていた。そこへ出かけていった私は、生まれてはじめて本物の野球選手を見た。その躍動感、プロのもつオーラといったようなものが、決定的に私を圧倒した。

以来、日本ハムのファンとしてずっと応援し続けてきた私は、ドラフト一位でその憧れの球団に自分が選ばれたときには、本当にうれしくて仕方なかった。正直、日本ハムに一位指名されると、たいていは下を向いてがっかりしてしまうところなのだが、私は本当に満面の笑みだった。

しかし、最初に会ったチームが他の球団であったなら、おそらく私も他の選手と同じように、この指名を聞いた瞬間、がっくりと肩を落としていたことであろう。

それぐらい最初に会ったチームというのは感動とともに、印象に深く残るものである。それを北海道で行なおうというのが私の意図だった。

とはいえ、北海道へ移転すると決まった当初は、正直、都落ちをしていくというような非常につらく寂しい気持ちが、選手やコーチそれぞれの心の中にはあった。

しかし、一方では、東京時代には人気の出なかった球団が、北海道へいっても同じような状態だとしたら、この球団の存続は厳しいものになるだろうという危機感も非常に大きなものだった。

実際、東京で活動している間は、非常に莫大な赤字を生んでいた。

いくも残るも、どちらに進んでもいばらの道というような状況で、とにかく私たちは、ファンサービス・ファーストということを合言葉にファンを獲得し、ファンを増やし、そのファンの人たちに球場にきてもらうことを心がけた。

満員の球場でプレーをするということは、実は自分たちのパフォーマンスを上げる非常に大きな要素でもある。いい舞台であればあるほど、日ごろ鍛え上げた力が発揮されやすいのだ。

そうしたいい舞台をつくるため、自身の技術を伸ばすのと同じくらいにファンサービスをしていこうということだった。

はたして、子どもたちと給食を食べたところでそれがどうなるものなのか。選手たちは半信半疑というか、しぶしぶといったほうが近いような表情で出かけて行った。だが、選手たちを待っていたものは、「がんばってね、今度応援に行くから」というたくさんの応援の言葉と、大きな活力だった。

気がつくと、かつて存続することさえ危ぶまれた球団の試合会場は、連日満員の観客を動員するまでの晴れ舞台となっていた。そしてまた、四万三千人の観客のうち九五％以上が私たちの球団ファンだというではないか。

いつしか私たちは、この大勢のファンとともに戦い、そしてファンとともに喜びを分かち合いたいと、日々、大きな励みの中でプレーできるようになっていた。

小さなファンの力がやがて大勢のファンの応援にかわり、大きな力となって私たちを劇的に変えてくれたのである。

私を開眼させたメンタル・トレーニングの衝撃

私は今でこそヘッドコーチという指導者側の立場で、トレーニングを行なっているが、選手時代にはやはり、選手として成功することだけを一生懸命に考えていた。レギュラーになれなかったときには、レギュラーの座を獲得することに一心で、ときには「誰かがケガでもすれば」というようなことも思わないではなかった。

それには、やはりただ寝て待っていたわけではなく、「チャンスがこないかな、こないかな」と、つねにそのときに向けて準備もしていた。

そうやって練習を続け、試合をしていく中で感じていたのは、コーチのアドバイスによって、メンタルな面が少なからず左右されるということだった。

普段はめっぽう厳しいのだが、そのじつ、非常に深い愛情の伝わってくるコーチがいる。そうかと思うと、表面上は穏やかで優しくても、実際にはとても冷たく、平気で選手の足を引っ張るようなことを言うコーチもいた。

以前から、必要以上の緊張感にとらわれ、力を出しきれていなかった私は、当初、チームの中でしかるべき指示をあおぐメンタル・トレーニングに本格的に取り組んでみることを考えた。しかし、今いったような事情や、やはり身内には思ったことが正直にいえないという理由から、アウトソーシングでそれを行なうことにした。

もともと勝負強さというようなものはもっていたようにも思えるが、本格的にメンタル・トレーニングをはじめてみると手応えがあった。なんとなくうまくいきそうだ、という感覚が非常に鮮明なものとして浮かび上がってくるようになった。

その最たるものが、一九九三年、パ・リーグでの優勝争いで、ライオンズを追うデッドヒートの中でのバファローズとの一戦だった。

一歩も譲らぬ投手戦により、すでに、試合開始から四時間が経過しようとしていた。この回で得点できなければ時間切れ引き分けとなる。つまりは、負けに等しい。

実はこのときの試合は、同点で迎えた九回裏に、ファウルの判定をめぐり、三三分間という長く激しい抗議が大沢監督によって行なわれていた。結局、判定は覆らなかったのだが、その間、私は不思議と冷静さを保ち続けていられた。

ここで試合を放棄しては、絶対に優勝できないということは明確だった。チーム全員が熱くなっている中で、誰かが試合再開のときに冷静にプレーができなければならないと考えた。

そのためには、まず一度冷静さを取り戻さねばならないと思った私は、一度ベンチから離れ、裏へまわり熱いコーヒーを一杯飲んだ。

その後、延長にもつれ込んだ試合は、一〇回裏、2アウトランナーなしという状況になり、そのバッターボックスに私が立っていた。ここでアウトになってしまったら、まさに目の前から優勝が崩れ去っていくのだ。

そのとき私の頭の中には、ホームランを打つことしかなかった。

単なる願望ではない。赤堀投手が投げて自分がホームランを打つとなれば、長打力のないバッターとしての私にとって、それはインコース低めの球しかないという選択だった。

インコースの低め一本だけを2ストライクまで狙って、思いきって振っていこうという、実に冷静な判断だったのである。

体はギンギンに燃えさかっていたが、頭は非常に冷静に的確な判断を下し、そして、それが的中するというところまで導いてくれていたのだ。

1ストライク後、アウトコースを狙った赤堀投手のボールが、すこし甘くなり、インコースにきた。「これだ！」、そう確信してバットを思いきり振ったものが、さよならホームランだった。

その瞬間、何かが切れたように、激しい興奮が体中をかけめぐった。さっきまでの冷静さなどどこにもなかった。

あれほど興奮したことは後にも先にもない。私は、あの瞬間を味わうためにメンタル・トレーニングをしてきたようなものだと思った。

「絶対勝つ」という強い意欲と勝利至上主義のちがい

ここ一番という大事な場面で、プレッシャーをはねのけて成果をおさめられる人間というのは、単なる才能や実力、運の良し悪しでそれをつかんでいるわけではない。才能や運ももちろん要因のひとつではあろうが、ある程度は誰でもたどりつくことのできる境地ともいえる。

プレッシャーに屈せず、むしろそれを楽しむことができる人間とは、結局、それだけの準備をしている人間にほかならない。つまり、日ごろからあらゆる場面で意識をし、一球一球に思いを込めて練習している人が、最後には楽しんでプレーができるようになるのだ。

普段、簡単に軽くプレーをしている人間が、いざ大事な場面に遭遇した場合、いつものようにリラックスし、プレッシャーをはねのけてプレーができるかといえば、それは土台無理な話だろう。

本番以外の場で、「練習試合だから気楽に打っていこうや」などと考えているうちは、いつまでたっても本番で通用する選手にはなれない。

また、「失敗してもいいから思いきってやれ」というような指導では、たしかにプレッシャーを取り除くことはできるかもしれないが、決してその能力を引き上げることにはならないだろう。

練習試合だろうが、紅白戦だろうが、二軍の試合だろうが、決して「失敗しても……」というような気持ちで臨んではならない。どんな試合にも、一戦一戦に、勝利への方程式を完成させるための、大切なデータが隠されているのだ。

試合をやるからには、「絶対に勝とう、成功しよう」という思いを込め、そのデータを拾い上げていくことをしなければ、いい意味でのプレッシャーもかからない。

そして、いいプレッシャーがなければ、いい喜びや悔しさというのも感じることはできない。

ひとたびチーム全員の思いに、「絶対に勝とう、成功しよう」といういいプレッシャーが生じた場合には、そこには想像を絶する大きな力が生まれる。「絶対勝つ」と心に決め、つねに全力で戦い、勝って喜び負けて悔しがる。そうした繰り返しの中で、最高の勝利をつかむ日が確実にめぐってくるのだ。

一方、結果的に勝利に結びつくという点では同じ「勝利至上主義」とでもいえるやり方がある。「何がなんでも勝て」というところまでは同じだが、負けたら厳しい罰が科せられる点がちがう。

たとえば、極端な話、負けたら命を取られるとまではいかなくても、報酬がゼロになるとなれば、これは誰でも必死で戦わざるをえなくなる。勝つこと以外に生きる道はないからである。

しかし、こうした勝利への原動力は、前者のそれと比べてわかるように、非常にレベルの低いエネルギーといえる。そのときは通用したとしても、将来的なことを見据えていえば、健全な成長につながらず、むしろ崩壊していくことになりかねない。

なぜなら、強制的に選手の心や体を動かすのは、恐怖政治と同じだからである。最初は怒られたりペナルティがいやでやっていても、指導者との間に信頼関係がないから、だんだんそうしたことに慣れて要領よく抜け道を探したり、サボり出したり、ごまかしたりするようになる。

また、ペナルティまではいかないにしても、ノルマを課す場合もやはり先はみえている。ノルマ、ノルマの練習で体を動かすということにも、限界があるのだ。

これはまさに、古い指示・命令・恫喝タイプの「勝利至上主義」である。

この指導法と、「絶対勝つ」という内なる意欲を部下にもたせる指導法とは、まったく似て非なるものである。そのちがいこそが、選手に本当の活力を与え、同時にチーム全体の大きな成長へとつながっていくのである。

「夢」と「元気」こそ「やる気」が出るもと

スポーツの世界でも企業でも、どんな人間が伸びるかをひと言でいえば、あたり前のようだが「やる気」のある人間である。

努力を惜しまないこと、工夫できること、一人でもがんばれること、その他いろいろなことがあげられるが、これらを総じて結局は、「やる気」のある人間ということになるだろう。

では、その「やる気」を生み出すものはなんだろう。その答えは、あたり前のようだが、ゆるぎない「目標」であり、「夢」であり、それに向かう「元気」であろう。目指したい「目標」や「夢」があれば、自然にエネルギーも湧いて「元気」になる。それこそが「やる気」の源である。

そして、これはおまけ以上のものだが、「やる気」のある人間は、まわりから見て苦しいようなことでも、平気で楽しむことができるという大きな余力がある。

たとえ今はうまくいってない状態にあり、それればかりか、そこでどんなに努力をしてもいっこうに上向かない状態だったとしても、それを乗り越えたところに必ずや大きな喜びがあると信じて夢を抱き続けることで、今の苦しみを楽しみに変えられる。

私たちが最初に試みたことは、ここにポイントがあった。

まずは選手の「やる気」を引き出すことだった。「やる気」さえ出れば、体はひとりでに動くようにもなってくる。そのために、今いったことをさかのぼって、選手に

「目標」と「夢」と「元気」を与えることからはじめたのである。

しかし、ご存じのように、このやり方でスタートした最初の年は、一〇〇試合で三六勝という惨敗に終わった。

「夢」や「元気」などといっている場合ではなく、通常こうした状況下では、指導者側は怒声、罵声を浴びせることがあたり前だ。しかし私たちは、じっと耐えた。というより「夢」と「元気」の効果を信じ続けた。

ファンにはそれがわからないから、スタンドからはよく野次がとんできた。最近ではインターネットによる投書というものもあって、球団からの事情聴取もたびたび受けた。コーチ陣の中にもあせりがなかったといえば嘘になる。

そんなある日、一人の選手が試合前に私のもとへやってきた。

「監督、今日こそは勝ちますよ。任しといてください」と、監督である私は逆に選手から励まされたのである。

私はハッとした。明らかに選手の意識が変わってきていたのである。

そして、この意識革命は、二年目に二位、三年目、四年目連続優勝というはっきりとした形で表れることになった。

勝てと命令されて勝ったのではなく、勝ちたいという夢を選手たちが抱き、そして努力した結果勝てたのだ。選手たち一人ひとりの「やる気」の結集だった。

最初はいろいろ野次られもしたし、相手チームの監督やコーチからも変な目でみられていた。ただ、相手チームの選手たちはニュアンスが少しちがっていた。

最初は「お前たちは伸び伸びやれていいな、でも弱いけど」という感じが、「お前たちは伸び伸びやれていいな、しかも強いしな」と、だんだん変わってきたのだった。

二〇〇六年の日本シリーズでの勝因も、たどっていけばここにいきつく。相手チームのドラゴンズも私たちも、実力や戦術は非常に似かよっていた。

しかし、圧倒的にちがっていた部分がひとつあったと私は思っている。

それは、のびのびとプレーできていたかのちがいであり、笑顔と必死の形相のちがいだった、と言っては言いすぎだろうか。

言いすぎかもしれないが、ファイターズは「夢」と「元気」で「やる気」をつくったから笑顔で戦えた。

優勝常連チームであるドラゴンズに敬意を表する意味でも、私たちは一生懸命、自分たちにそう言い聞かせ続けての勝利だったのである。

第4章 中間管理職としてのコーチの役割

——組織を伸ばすメンタル・コーチング

中間管理職は、ベテラン相手が一番難しい

入ってきたばかりの新人を「宇宙人」という名前で呼ぶようになったのはいつのころからだろうか。彼らが宇宙人と呼ばれたのは、彼らの考え方がどういう発想から出てくるのかが理解できない大人たちの当惑からだった。

映画『マーズアタック』では、火星からきた宇宙人を歓迎しようとする数々の試みが、ことごとく失敗する地球人の滑稽さが描かれている。まさに、若者に対する大人の姿そっくりといえよう。

しかし、大人が若者の行状を、「いまどきの若者は」と語るのは、何も現代ばかりではない。聞くところによると、古代エジプトの遺跡に、そのような意味の言葉が刻みつけられていたという。言っている当人がかつて言われていたことだと思えば、恐れることはないはずだ。

だから、私にとって、若手選手とのつきあいはそれほど苦ではない。プロとしての色がついていない分、教えたことを素直に受けとめてくれる。プロとしての心構え、

ファイターズの哲学や指導方針を一つひとつ教えていくことは楽しみなものだ。

また、ベテラン選手の場合でも、なかなか結果が出せない選手にはアプローチしやすい。「今までと同じことをやっていても、結果は同じなのではないか、新しいことに挑戦してみよう」「サポートしていくからやってみよう、この年齢で挑戦するのは勇気の要ることだけどやってみよう」などというこちらの話をよく聞いてくれるのだ。

やはり一番難しいのは、それなりの結果を出しているベテラン選手である。私が若手に話しているのをそばで聞いていて、「そんなに甘いものじゃないぞ」と言ってくるベテランもいる。

私が、現場の最高責任者である監督ならばいいのだが、中間管理職としてのコーチの役割は監督の考えを伝えることだ。だから、私自身が前面に立って、ものごとの考え方ややり方を伝えるわけにはいかないのである。それが一般の企業にも共通する、中間管理職のつらいところなのだろう。

とはいえ、チームワークは、ベテランと若手がうまく融合してこそ築かれるものだ。早急に、それまでのやり方を否定すれば、その肝心のことができなくなる。

だから、私にできることは粘り強く説得することだけだ。自尊心もプライドもある、実績もあるベテランにこうだああだと言っても、変えるのは難しい。それを傷つけないようにこちらの考えを通すには、やはり粘り強い説得しかないのだ。

そして、私が心がけたことは、ああだこうだと断定するのではなく、選手が自ら気づくための提案をすることだった。私の言うことをすぐに理解してくれる人がいる反面、時間がかかる人も多かった。

なかには、若手に話しているのを聞いて、こちらが何も言わないうちに気づいてくれる選手もいた。というわけでいろいろなベテランとつきあったわけだが、わかってもらえたときはやはり嬉しかった。

若手を支えてくれる存在としても、ベテランの意識を統一させておくことが大事だったからである。「急いては事を仕損じる」という言葉を私はそのとき実感として受けとめたのである。

それでも、私の場合、年上の選手というのはいなかったから、まだよかったのかもしれない。先輩を追い越して中間管理職になった人は、さぞやりにくいだろうと思う。

そのような場合には、やはりこちらのコミュニケーションスキルを上げていくしかない。

「しかし」「でもね」は禁句としてしまっておくこと、「私もそう思う」という言葉を言ってから自分の意見を述べる、などなど、私が習得した中間管理職のテクニックをいくつか紹介させていただきたいと思う。

イエスマンにならなら誰でもなれる

前項で述べたように、試合においては、最終的な意思決定者は監督だ。私は監督を支える立場だから、出番の見極めが非常に難しい。二軍監督の時代は、私が主導権をもっていたから楽だったなと思うこともあるくらいだ。

ヒルマン監督は、迷うときには「どっちがいい？」とか「ピッチャーどうするか」などと私に聞いてくるが、迷いがないときは「こうする」とか「こうしたい」と言ってくる。

このクセを飲み込むことが、ヘッドコーチとして第一の仕事だったような気がする。監督が決定したことに「そうだ」と肯定する場合と私の意見を具申する場合とを使い分ける必要があったのだ。

しかも、どういう質問を発してくるのかは直前までわからないのだから、こちらはいつ何を言われても応えられるように準備をしておかなければならないわけだ。それも大変だった。

しかし、監督のクセを飲み込んでそれに合わせるだけならば、それほど難しいことではない。いわゆる、「イエスマン」ならば、相手に下駄を預けてしまうのだから簡単だろう。

しかし、中間管理職としてのコーチたるもの、それだけでは職責を全うすることはできない。チームのためには、試合真っ最中のギリギリのところで監督の考えを覆さなければならなくなる場面もあるからだ。

昨年の日本シリーズでもこれがあった。それはピッチャーを交代させるかどうかの場面だった。投手交代に対して、私は自分の意見をめったに言わないのだが、そのときはピッチャー交代を提案した。監督とは次のようなやりとりがあった。

「ピッチャー代えましょう」「何でだ?」「肩がおかしい」「いやおかしくない」「い

や、おかしい。もう代えましょう」「いや今日はダルビッシュに任すから」「監督ダメです」

そうこう言っているうちに試合は進んで、ウッズに打たれた。次に立浪が出てきた。監督とのやりとりがまたはじまった。

「監督、代えましょう」「いやもう一人投げさす、いや、二人投げさす。上田まで投げさす」

そして立浪に打たれた。三度目のやりとりがはじまった。

「監督、代えてください！」「いや、あと一人」「ダメです。あと一人投げたら代打が出てきます。ここで岡島入れてください」

このやりとりの間に、肩がおかしいかどうかと聞いてくるようにと、キャッチャーに指示した。ピッチャーの返事は私の思ったとおりだった。そして、監督がピッチャー交代を決断した。

最高責任者である監督は、すべての結果責任を背負っている。そのプレッシャーは並大抵のものではない。そして人間である以上、采配、決断するときに、時として冷静な判断ができないこともある。ましてこの試合では、ダルビッシュに試合を任せることを確認して臨んだ試合だったのだ。

そういうとき、コーチまでいっしょに熱くなっていたのではコーチなど要らなくなるだろう。やはり、一歩引いてみている者が必要なのである。もちろん、逆に、こちらが熱くなっていて、監督が冷静な場合もある。

とはいえ、よほどのことがない限り、試合の場で采配のことに触れないというのは鉄則だ。だから、私が遠慮なく意見を具申するのは試合が終わってからだ。遠慮しないで具申するから監督の機嫌を損ねることもある。時には一週間ぐらい口をきいてくれないこともあった。

しかし、私は忠誠心をもって尽くすことが自分の仕事だと思っている。だから、必ずわかってくれるはずだと思って、正しいと思う意見を具申するようにしているのである。私は、忠誠心とはイエスマンにならないことだと心得ているからだ。

もちろんいつもわたしが正しいということもないし、失敗することもある。それでも、人が言いづらいことを言うこと、監督の手助けになると思うことだったら、どんなに監督が不愉快になっても進言すること、それが私の忠誠心なのである。一週間口をきいてくれなかったときも、最後に監督は「冷静に考えたらおまえが正しかったよ。ごめんな」と謝ってくれた。こんな監督だからこそ、わたしもがんばれるのだ。

「傭兵」と「采配」で勝っても選手は育たない

「傭兵」の本来の意味は、「金銭を得る目的で外国の軍隊に入り、軍事行動に参加する人」である。野球の場合でいえば、「勝つことを目的として、試合に参加した一軍体験の豊富な選手」ということになろう。

しかし、二軍監督のルールとして、これは絶対にしてはならないことだ。二軍の役割は何なのかということを考えればその理由がわかるはずだ。二軍の役割は、選手を一軍で活躍できる選手に育て上げることだ。

もし勝つことが目的ならば、一軍経験のある選手ばかりでチームをつくれば勝てる可能性は高い。しかし、ファームの試合では、勝利意欲は必要だが、結果としての勝敗は二の次でいいのである。

もうひとつ、采配のとり方も同じ理由で一軍とはちがう。勝つことが目的の一軍ならば、ピンチになって、そのピッチャーがもう投げられないかと思ったら即座に代えるのがいい采配といえる。

しかし、二軍の場合は、今いったように勝つことが目的なのではなく、選手を育てることが目的だ。だから、このピッチャーに投げさせるのは厳しい、おそらく打たれて負ける、という場面でも続投させることがある。

なぜならば、このピンチを乗り越えさせることで、選手は一歩前進し、一軍で活躍する力をつけていくのである。

バッターを育成する場合でもそれは同じだ。たとえば、初回ヒットでランナーは一塁に出た。勝つためならば、次のバッターにバントの指示を出すのが常套手段だ。

しかし、それよりも、自分も打って、ランナーを二塁、あるいは三塁に進めることを考えさせるほうがずっと勉強になる。そのためにはどういう球を狙って、どういう打ち方をすればいいのかと、選手の頭はめまぐるしく動く。

安易にバントをすれば、選手は何も考えなくなる。何度もいうように、ファームであろうとなかろうと「絶対に勝つぞ」という意気込みで、やる気で出ていくことが大切なのにはちがいない。

しかし、勝つことだけが目的になってしまっては、本末転倒といえるのではないだろうか。だから、「傭兵と采配で勝つこと」を固く戒めているのである。私が、二軍監督一年目で、勝ち数が少なかったのは、この戒めを守ったからだともいえるのである。

厳しくするコーチのつらさは必ず伝わる

先日、ある通信制高校の関係者からこんな話を聞いた。

他校での問題児を受け入れているその高校で、体を張って生徒指導をしている教師がいた。ある日、真剣な指導のさなかに複数の女生徒が興奮して、教師ともみあいになった。日本拳法という格闘技の有段者だった教師の手が、女生徒の一人にあたり、鼻を怪我させてしまった。

「すまん。熱くなりすぎた。何とかわかってほしくて……」と土下座して涙を流す教師に、女生徒ははじめて胸を打たれたという。

以来、彼女は変わった。卒業してもたびたび教師を訪ねて、ぐれている後輩の指導をしていく。ただ教師は、それほど目立たないがわずかに曲がっている彼女の鼻が気になる。「費用は用意してあるから整形してくれ。頼むよ」と言うのだが、彼女は断じて応じない。

そして、「だって、これは私の勲章だから」と言うのである。

彼女にとっては、あのときが、自分が立ち直るきっかけだったのだろう。そのきっかけを与えてくれた教師の愛情を忘れないために、そのままにしておきたいと思ったのではないだろうか。

体罰を容認するわけではないが、やはり、腹立ち紛れでやったことと、本当に相手の将来を思ってやることの区別は当の本人にわかるものだ。

このたび、教育再生会議は、授業を妨げる生徒を立たせたり、外に出したりすることは認めるべきだという答申を出した。それも、時にはそれが生徒を立ち直らせるきっかけになると考えてのことだと思う。

かくいう私も、大学時代、監督によく殴られた。ここは軍隊かと思ったこともある。理不尽に思えることもあった。なかでも二年生の春先のころはサンドバッグ状態だった。

もちろん憎くて殴っているのではないことはわかっていたが、当時は、「どうして自分だけがこんな目にあうのか」と、腹立たしく思ったこともある。

しかし、今考えればよくわかる。一生懸命にやっている「つもり」でも、どこかにスキがあったのだ。その「つもり」がいけなかったわけだ。そして、それが「おまえならできる」というメッセージだったこともよくわかる。

現に、二年春のシーズンがはじまってからは、卒業するまで私は監督に一度も殴られていない。小言さえも言われたことがなかった。

さきほどの教師ではないが、監督もさぞつらかったと思う。しかし、そのつらさは必ず選手に伝わるものだ。いわば、一種のコミュニケーションスキルなのかもしれない。

私にしても、実は、学生時代に同級生を殴ったことがある。彼が組織として絶対にやってはいけないと決めたことをしたからだ。

私は申し訳ない気持ちと組織維持のために絶対やらなければという気持ちで、変な言い方だが、一発一発心を込めて殴った。先輩でもなく後輩でもない、親友ともいえるもっとも親しい同級生だからこそやらねばならないと思った。

「三国志」には、軍師の諸葛孔明が、自分の命令を守らなかった、もっとも可愛がっていた部下である馬謖を処刑する場面がある。「泣いて馬謖を斬る」という言葉の語源だが、私の心境もそれに似ていた。

同級生も馬謖も、おそらくこちら側のつらさをわかってくれたにちがいない。今、私はコーチとして、選手に厳しくあたることがある。しかし、このつらさを選手はわかってくれると信じているのである。

意見を出しやすい雰囲気をつくるのが中間管理職の役割

ある地方自治体が主催する講演会に招かれたことがある。そのとき、職場でいうと課長にあたる、ちょうど私のような立場の人間から、どうやって他職員とのコミュニケーションをとればよいのか、という質問を受けたことがある。

まさしく私の立場は、監督とコーチの間、あるいはコーチと選手の間、そしてコーチ同士の会議でリードする立場に位置している。私も役所の課長と同じ部署ということになるのだろう。

私が、この立場に立って一番に心がけていることは、メンバーが意見を出しやすい雰囲気をつくることだ。たとえばコーチ同士の会議のときに、一人のコーチがしゃべっている最中に、身を乗り出して頷いているコーチがいたとする。

そういうコーチは、自分のイメージが具体的にあって、しっかりとした意見ももっている。その人に話を振れば、その人のイメージや意見がそのまま出てくる。そうすれば、はっきりとしたイメージをもてないでいる人も、それを聞いてもてるようになり、発言できるようになる。

だから、会議の席で、私が率先して意見を言い出すことはめったにない。「どう思いますか」という形で振っていくわけだ。なぜならば、ヘッドコーチの立場にある私が言うと、それは最終的な答えになってしまうおそれがあるからだ。

これは監督の立場でも同じである。監督の答えはそのまま決定事項になってしまうからだ。監督をまじえた会議では、私の立場はますます複雑になるが、やはり原則は同じだと思う。

要するに、最終的な決断を下す立場にいる人よりも前に、多数の意見を吸い上げることだ。そのためには、話しやすい雰囲気づくりが大切なのである。

話しやすい雰囲気をつくるには、質問形式で、こちらから語りかけるのが有効だ。

それによって円滑な人間関係を築くことができる。また、意見を共有することになる。そしてさらに、こちらが出す最終判断を受け入れる体制を整えることもできるのである。

選手を相手にしたときも同様だ。今日の調子や体調は、私が判断するのではなく、こちらから質問するように声をかける。そういう意味で、私は相手からの挨拶を待つこともしない。

コーチだから、指導者だから、選手から挨拶があって当然だというような、取るに足りないプライドをもたないのが私の信条なのだ。プライドをもつべきときはほかにいくらでもあるはずなのである。

人をマスとしてみないことが大事

私たちは、「いまどきの若者は礼儀知らずだ」とか「最近の若い女性の乱暴な言葉遣いは聞くに耐えない」などと、十把一絡げに人を判断する傾向があるのではないだろうか。

しかし、よく観察すれば、礼儀をわきまえた若者もきれいな言葉遣いで人を魅了する女性も多い。逆に、礼儀知らずで、言葉遣いを知らない中高年も目につく。それを思えば、人をマスとしてみてしまうことは、実際からかけ離れているというべきだろう。

やはり一対一の対応で、その人間自身をみていくことが大切だ。選手にしても、全員が同じ打ち方や投げ方をしているわけではない。性格もちがう。レベルもちがう。それが、ひとつのチームとしてまとまっているから面白いのだし、それぞれが個性を出し合うからこそ大きな力になっていくのである。

もちろん、チーム全体で話すべきことは全員を集めて話すわけだが、そういうときでも、私は選手をマスとしてみたことはない。どんな場合でも一人ひとりをみていなければ適切な対応はできないからだ。

選手は、それぞれいろいろな悩みをもっている。それを話したい、聞いてもらいたいと思っている。

そういうとき、私は対話というよりも、もっぱら聞き役に徹する。途中で「それはちがうよ」とか「おれの経験からいうと」とかと、話の途中で腰を折られた選手は、その後、何も話しにこなくなる。

前にも述べた、選手一人ひとりに宛てた手紙を書くことも、「選手をマスとしてみていないよ」ということを伝えるための私なりのメッセージだ。

すべての選手に、「今月はこうだったね」「思いどおりの成績ではなかったけれど、こういうところはよかったよ」などという手紙を書いた。一人ひとり文面がちがうのだから、選手は感動し喜んでくれた。

この手紙作戦は、コーチたちも協力してくれた。選手の反省にコメントをつけるという形で、毎日担当した選手と手紙のやりとりをしてくれたのだ。それがあったからこそ、月に一回の私のコメントも生きたのだと思う。

二軍の監督だったときは、一軍から二軍に降りてきてショックを受けている選手も含めて四〇人ぐらいいたから、大変といえば大変だった。

しかし、文章はあとに残るし、書くことで整理がつくから、極めて有効だった。選手の成長ぶりを実感として受けとめることもできたのである。

そして、シーズンオフには、一年間の総括を一緒にするために、選手と個別に話しあうのも恒例になっている。

もちろん、その前に行なうコーチ同士のミーティングも欠かせない。選手にとっては「選手対コーチ」だが、コーチは「コーチ対一人ひとりの全選手」だから、コーチは何日ものミーティングを経てから、個々の選手との面談に臨むのである。

前出の石川さんの話によると、日報を出さない営業マンに困っていた上司が、コメントを書くようにしたら、毎日提出するようになったという。

「今日がんばったな」「もうちょっとで契約までいけそうだな」などと書いてあることで、営業マンは、上司が自分を個人としてみてくれていることに気づいたのではないだろうか。おそらくそれは次の仕事への励みになったにちがいない。

自分の失敗体験を語れる人がいい指導者になれる

前に、「三割打者は、残り七割の打てなかったときを忘れているのではないか」と書いた。しかし、正確にいえば、忘れているのではなく、忘れたいと思う気持ちが強くて、記憶の底にしまいこんでしまったのではないか。

というのも、私自身、守備の日本記録などをもっているが、ミスをしたときの記憶も鮮明なのだ。

たとえば、四一五守備機会の無失策が日本記録になった年だった。開幕から快進撃の状態で、六〇試合ぐらいの無失策が続いた。それが三〇〇守備機会あたりまでいったとき、新聞記者がこう言った。

「白井君、知ってる？　日本記録はいま、阪急ブレーブスのマルカーノ選手がもっているんだよ。たしか、四〇九か四一二だったと思うよ」

私はそれを知らなかった。だから、急に教えられてものすごいプレッシャーになった。打率ならば、翌日に取り返すチャンスがあるが、守備の無失策記録は失策したときにゼロになってはじめからやり直しになる。

開幕以来三〇〇までいったところだったから、来年にならないと再挑戦はとてもムリだ。このプレッシャーは大きかった。右手と左手がバラバラになって、どう動かしたらいいのかわからないという悲惨な状態になった。

幸い、その年にはメンタル・トレーニングを開始していたから、マルカーノ選手の話を聞いてから、さらに一生懸命、イメージトレーニングに努めた。東京ドームで達成して、花束をもらって、手を高々と上げている自分の姿をイメージしたのである。

成功をイメージして、「絶対にできる」「練習のときからのことを思い出せ」「今までやったように一球一球積み重ねればいいんだ」「ゲームがはじまったら、最初の一歩、スタートだけに集中しろ」などと自分に言い聞かせた。

達成した瞬間ではなく、花束をもらっている姿をイメージするとは、自分でもおかしくなるが、そんなものだと思う。オリンピックの選手もおそらく、勝った瞬間よりも、表彰台に上っている自分を想像して練習に励んでいるのではないだろうか。

それはともかくとして、イメージトレーニングが功を奏したのか、私はこの試練を乗り切り、日本記録保持者になった。

問題はその後だ。やったぞと思ってほっとしたとたん、次の試合でエラーをしてしまったのである。それは、記録達成したときに、次の目標を立てなかったのが原因と思っている。「よし、これを六〇〇まで伸ばすぞ」という目標を立て直せばもっと記録を伸ばせた可能性が高かったのに、私はそれをしなかった。

ここで私が学んだことは、「ゴール」＝「スタートライン」ということである。「勝って兜の緒を締めよ」とはよくいったものだ。

イメージの大きさを知ったのも、このミスのおかげである。目標設定の大切さを知ったのも、このミスがあったからだ。

　だから、私は、選手によく、日本記録をつくった事実よりも、ミスをしたときの話をする。そのほうがよほど選手の成長を手助けできることになると思うからだ。

「俺もな、同じようなことがあったよ。ミスしたときって、どうしても受身になって、かかと体重になりやすいんだよな」などと体験をまじえて話すと、選手に伝わるものは多いのではないだろうか。選手からのフィードバックも活発になる。だから、選手の考えもこちらにどんどん伝わってくるのである。

　活発なコミュニケーションは、ひとつの技術修得についても、教え、教えられる関係ではなく、お互いに学び合う関係での修得にしてくれる。そのやりとりの中で信頼関係も生まれるだろう。

「つま先が大事だよな」「グローブは下から上、大事だよな」と共感しながら合意に達するわけだ。そういう意味で「ミスもまたよきかな」というのが、私の実感なのである。

日ごろから最終的な責任を取る覚悟をしておく

というわけで、私は選手とのコミュニケーションが、コーチングの上でもっとも大切なことだと考えている。

「甘いことを言うな」と批判する声もたしかに聞こえてくるが、選手に甘いコーチだという私への評価はとんでもない間違いだ。

もちろん、私は選手とスムーズな会話をするために、親しみをもてるような言葉を使う。選手から冗談が返ってくることもある。そんな砕けた会話を見聞きした人は、私を甘く優しいコーチと思うかもしれない。

しかし、私は、私ほど厳しいコーチはいないと思っている。たとえば、「ウォーミングアップのメニューは自分で考えて、自分で決めてやるように」「怪我をするのは自分の責任だぞ」などというコーチの厳しさは、命じて一斉にやらせるコーチよりもよほど厳しいのではあるまいか。

その一方、私には、つねに思っていることがある。それは、「責任は俺が取る」ということだ。選手に、自分の責任だぞと言うのは、選手の意識を高めるためだ。何かがあったとき、決して「おまえの責任なんだから、責任を取れ」などと言ったことはない。

だから、トレーニングコーチに指示することは、「最大限の知識を与えるように」であり、ほかのコーチに指示することは「一人ひとりに目を配るように、そしてどんな些細な動きでも見逃さないように動きをみておいて」なのである。最終的な責任を取るためには、一人ひとりの状況をしっかりと把握しておかなければならないからだ。

私の責任だと思っているから、怠ける選手には厳しくあたることになる。体調管理不足が原因で肉離れをおこした選手がいたとき、きちんとみていれば、「今日、ウォーミングアップのとき、スプリントをちゃんとやっていなかったよな。準備ができていなかったじゃないか」と叱責することができる。

まして、練習ではなく、試合の場合にコーチや監督が全責任を負うのは当然だ。選手起用も作戦指示も、選手が決めることではない。そこの決断は躊躇なく行ない、決断の責任は私たちにある。

たとえ代打に送った選手が打てなかったとしても、打てなかった責任はその選手にあるのではない。その選手を起用した私たちの決断に責任があるのだ。その選手が打てなかったから負けたのではなく、こちらが判断を間違えたために負けたわけだ。

選手とコーチの関係が悪化するのは、決断や指示をしておいて、それがうまくいかないときに選手の責任にしてしまうからだ。

「この人の指示ならば喜んで従う」という関係を結べるコーチでいたいものである。それがあればこそ、コーチの厳しさも受け入れてもらえる。逆にいえば、厳しさは、信頼関係が結ばれている証でもあるのだ。

そのためには、全責任を取る覚悟を日ごろからしておくことが必要なのである。

一時、「秘書が、秘書が」という言葉が流行ったことがある。不祥事を告発された議員たちがこぞって、「秘書が、秘書が」と、秘書の責任にしたことを揶揄《やゆ》したものだ。当の本人である秘書だけではなく、国民の信頼を失ったその責任は重いというべきだろう。

コーチの役割は、あくまで選手をサポートすること

「がんばり方を変えましょう」と、私は何度も述べてきた。勝てないチームのコーチも変わろうと思っているにはちがいないが、それは、「もっと怒ろう」であり、「もっと厳しくしよう」であったりした。

それをみて私が思ったことは、「これはコーチの仕事をがんばることだ」ということだった。指導者としてのがんばりとは、選手がいい結果を出したり、選手が成長したりする方向にいかなければならないはずだ。目指すベクトルは選手と同じなのだ。

そのためには、指導者が指導をがんばるという方向性を見直して、選手ががんばれる、自発的にその気になる方向に向けるためのがんばりでなければならない。そのために環境を整えるのだ。

たとえば、フォアボールは点になりやすいから気をつけなければならないのは当然だが、出さないように気をつけろと言うだけでは、選手はがんばる気持ちになれない。そこに、ちょっとつけ加えて、「力いっぱいど真ん中に投げても、君の球は力が

あるから打たれることはない。思い切って投げてこい」と言えば、選手はやる気満々になるだろう。

あるいは、ピッチャーのデータを示して、「速い球に手を出すな、気をつけていけ。あいつの球は伸びてくるからな」と言われて送り出されても、バッターはどんな球を狙えばいいのかわからなくなって迷う。

ここでも、「低めのボールを狙って思い切って振ってこい」とつけ加えれば、やはり選手は「よーし！」という気になるだろう。「高めがきて、見逃し三振になったらどうするんですか」と選手が言ったら「それはベンチの責任だ」と力強く言ってやればいいのである。

もうひとつ例を挙げれば、データによると、そのピッチャーの投球の割合が、直球が八で変化球が二だったとする。そのとき、細かいデータを選手に伝えても何にもならない、少ないとはいえ変化球がくる可能性が頭をよぎり、狙い球を絞れなくなる。だから「このケースは絶対まっすぐくるぞ、それに絞っていけ」と言ったほうが狙いやすくなる。変化球がきたら、やはりベンチの責任だということにしておけばいいだけのことだ。ウソでもいいから、選手を迷わせないことが肝心だ。

これらの例からわかるように、コーチの仕事は、選手を大声で叱咤激励したり怒鳴ったりすることではない。いかにも仕事をしていますというポーズをみせることではないのである。

コーチの仕事は、あくまで選手をサポートすることにある。そういう意味で、地味で目立たない仕事ともいえる。数々のデータにしても、何時間もかけてつくるが、それを実際に使うことはめったにない。

監督が「大丈夫か」と言ったときに、「大丈夫です。今日はこれでやってくださ い」と言い切るための材料にすることが時折あるだけだ。しかし、私はその少ないチャンスのために、毎日毎日、データづくりに励んでいるのである。

考える時間が長い職種ほど、メンタル・コーチングが必要

私は、時折サッカーやバスケットのコーチをうらやましいと思うことがある。もちろん、どんなスポーツでもコーチの役割の大きさは同じだろう。選手との信頼関係がなければ試合には勝てないにちがいない。

しかし、試合中に限っていえば、選手たちは絶えず動いているわけで、試合中に悩んだり、迷ったりしている時間はない。そのような場合、メンタル・コーチングの必要性は、試合の前後に生まれてくるのではないだろうか。

その点、野球は間合いの長いスポーツだ。ピッチャーは味方が打っているときは、ベンチに座っているだけだ。バッターは一回の試合で、打順が回ってくるのは、毎回五人出たとしても五回以上にならない。守備にいたっては、試合中一回も球が飛んでこないことさえもある。

つまり、プレーする以外の時間がめっぽう長いのである。ゴルフも同じで、聞くところによると、ゴルフは九九パーセント考える時間で、野球は八〇パーセントと、その次に多いという。

それだけに、野球は精神力に人一倍左右されるスポーツだ。何度も引用させていただいている白石先生は、二〇〇〇年に引退した大リーグの鉄人、カル・リプケンの次のような言葉を引いて、野球選手が集中力を持ち続けることの難しさを述べている。

「野球でもっとも難しいのは、高い集中力を持ち続けることだ。グラウンドにいる間中、自分の頭から雑念を取り去ることは容易ではない」

ピッチャーは、ベンチに座っているとき、今投げたばかりの球を思い返しているだろう。「どうしてあのとき、あんなところに投げちゃったんだろう」「変化球じゃなく、直球にしておけばよかった」「あのヒットは防げたんじゃないか」「バッターはバントでくると思ったのに」などなど悩んでいるかもしれない。

バッターにしてもそれは同じだ。ボール球に手を出してしまったこと、バントに失敗したことなどなど、待っている時間が長いだけにさまざまなことが頭の中を去来するはずだ。

すなわち、考える時間が長いほど、メンタル・コーチングの必要性は高くなるのだ。次の回に、「今度こそ」と思わせてバッターボックスに送るかどうかで試合運びは変わってくる。あるいは、「何を投げたらいいのかわからない、交代してくれないかな」と考え込ませたままマウンドに送るかどうかで勝負の行方は決まるのである。

だからこそ、コーチの責任は重いのである。

「成果」の積み重ねが「結果」を生む

名監督といわれ、常勝を続けていた監督が、他チームへいったからといって、そのチームがすぐに優勝するということは、どんなスポーツの世界でもそれほど多くはない。

なぜこういうことがおきるのか。その理由は、監督には采配だけではなく、組織をまとめる力、モチベーションの高め方など、いろいろな要素が必要だからだと思う。これは一朝一夕にできるものではない。また、優勝という偉業を成し遂げるには、チームとしての底力も大きく関係してくる。

優れた監督のもと、チームとしてまとまり、選手同士が切磋琢磨し合って、それぞれが力をつけている状態がつくられてはじめて、チームとしての底力がついたといえるのではないだろうか。これが優勝するための最大の要素だと思う。これには時間がかかるし、これまでのチームとしての積み重ねも大きい。つまり、それまでの監督やコーチ、そして選手が成果を積み重ねたという歴史があればこそ、優勝という結果を出すことができたのである。

ここでいう成果とは、着実に選手がレベルアップしていること、負けたけどチームの雰囲気はよくなってきていること、選手の自発性などチームの哲学が浸透してきていること、などをいう。

また、コーチの仕事でいえば、データをしっかり集めて準備ができて、言うべきときにきちんと進言できるようになったこと、選手に適切なアドバイスができるようになっていること、などだ。

それは結果としては出てこない部分だ。すなわち、結果と成果が同時に出てくるとは限らない。成果の延長に結果があるということを私たちは知らなければならない。選手の育成にしても、成果を積み上げて、遠いゴールに到達させるという意識をもって、長い目でみる必要がある。ゴールは急にはこないのである。

もちろん、成果が上がっているからといっても、それが優勝という結果を生まないことはある。ある種のタイミング、はずみ、チームの勢いなども、結果を左右するからだ。しかし、その逆の公式は成立しない。成果が上がっていないのに優勝することはありえないのだ。

そういう意味で、昨年の優勝は、それなりの成果が上がっていた証になる。しかし、完全な常勝チームになるためには、もう少し成果を積み上げる必要があると私は考えている。今述べたような、勢いに乗った部分も垣間見られるからである。勢いをつけていった監督の手腕に負うところがあったわけだ。

だから、さらに成果を積み上げて、連覇は難しくても、一〇年経って振り返ったとき、ファイターズは一〇年間ずっとAクラスだったな、四回も優勝しているな、日本一にも二回なっているなと言われるようなチームづくりに貢献するのが、私の夢であり、目標だ。そのための成果を積み上げていきたいと思っている。

たとえば、西武ライオンズは二〇年以上、Aクラスを続けている。見事というしかない。監督の力も大きいが、それ以上にチームの力なくしてはこれだけの継続はできない。

これまでのその長い成果の積み重ねがあればこその連続Aクラスなのではないだろうか。

そういう意味で、ファイターズの場合も、本当の評価はこれからだともいえる。成果を上げ続け、積み重ねていけるかどうかが試されることになるのである。

感覚や常識、基本といわれているものは疑ってかかれ

私がファイターズの二軍監督だったころのコーチ会議では、統一した方法で選手を指導するためのさまざまな議論を重ねた。指導理論をチームで統一して、標準化させることを目指していたからだ。なぜ、現役時代に活躍したコーチたちがそうしたことを議論しなければいけないのか、豊富な体験に基づいた方法論があるはずだと思う向きがあるかもしれない。

しかし、この体験がくせものであって、その感覚が必ずしも正解ではないのである。たとえば、私が少年野球をしていた時代から常識だった基本というものがある。バッティングはダウンスイングで上からたたくように打つのがいいなどと言われたのもその一例である。野球をしたことがある人ならば「上からたたけ」と指導されたことがあるのではないだろうか。ところが、名打者といわれた人が実際に打っているところをみれば、そのようには打っていないのである。

どうして上から下だと思ったのか、それは極度のアッパースイングで打つクセがあ

り、フライを打ち上げていた人が、上から振り下ろすような感覚で打ったらうまくいったからにすぎない。フライを打ち上げるよりは、強く転がして確実にヒットにした方がいいのにきまっている。

そこで本人は、バットは上から下と思ったのだが、実は、分析してみると、ちょうどいい打ち方はやはりアッパースイングだったのである。すべての選手をその感覚で、「上からたたけ」と指導したらどうなるだろう。

教えられた選手は、おそらく少しも打てるようにならなかったにちがいない。たたけたたけと教えられてそれに素直に従った選手は、残念ながら試合に出ることもできないのである。人の感覚はそれほどあてにならないものなのだ。

理論的に考えれば、バットがボールに当たるのは、投げたボールが落ちてくる放物線の軌道にうまくバットの軌道を合わせたときだ。ボールが下から上がったら、上から打ち、横からくれば横から打つわけだ。

しかし、野球の場合、どんな球であれ、必ず上から下に放物線を描くように落ちてくる。ピッチャーが立ち、キャッチャーが座っていることからも、そのことは明らかだ。だから、それを上からたたいていたのでは当たるはずがない。

ところが、理論を説明して、軌道に合わせることを教えればいいものを、指導者は自分の感覚に頼って教えようとすることが多い。その結果、ダウンスイングだ、レベルスイングだ、いやいやアッパーだと、それぞれちがうことになる。「最短距離を狙え」などという言い方をする人もいる。

結論はひとつ、ボールの軌道にバットを合わせることにつきる。選手時代、みんなその打ち方をしていたはずなのに、これほど議論が分かれてしまうのは、あてにならない感覚で教えているからなのである。

感覚からくる思い込みを解くために、二軍監督時代に、選手が自主的にすることになっている夜間練習をみてはコーチ同士で議論を重ねた。写真を見ながら、上から打つことが正しいのか、ボールの軌道、バットの軌道はどう描かれているのかなどを検証したのである。

他の球技と比較することもした。ゴルフやテニスに置き換えて、野球の場合はどうかという研究をしたわけだ。

ピッチングにしても、たとえば、かつての名ピッチャーは、「速い球を投げるには、足を高く上げて勢いをつけるんだ」と言っていた。ところが、足を上げてというのはその投手の感覚でそういう気がしただけで、実はすり足に近かった。ほとんど足は上がっていなかったわけだ。

論理的にいえば、速い球と足上げは関係ない。関係があるのは、運動スピードなのである。

立つ姿勢にも同じことがいえる。足の内側の筋肉に力を入れて内側にしぼって……というのが球界の常識だというが、実は、それがもっとも悪い姿勢なのである。たとえば、ジャンプをするときにこの姿勢ではうまくいかない。ジャンプをするときの重心の位置は腿でも内転筋でもなく、股関節にあるのがもっともよいのである。こういうことを知らないまま、感覚や常識といわれているものに頼って指導をするから間違いがおきるのだ。

そうした間違いを正すために、私たちは「打つこと」「守備」「投げること」「走ること」と、命題別に理論的な検証をしているのである。

首位打者になれる選手は、みんな軌道に合わせた打ち方をしている。「イチロー選手が打てるのは彼が特別だから」「王さんの記録も王さんは特別だから」「三冠王の落合さんも特別だから」と言う人が実に多い。

しかし、私はそうは思わない。特別なのではなく、それが打ち方の基本であり、基本を守っているから優れた記録を残しているのだと思っている。

特別といわれている選手の中に、「後ろ足体重で頭を残して、上からダウンスイングで、腰を回して」という球界の常識で打っている人は皆無なのである。

だから私は、イチロー選手や王監督を特別と片づけて、彼らの打ち方を研究しないことのほうがおかしいと思う。よく研究すれば、必ず、共通点がみえてくるはずだ。

コーチは経験を頼りにしてばかりではいけない。経験は守るものではなく、どんどん革新していくためにある。

もちろん、自分で会得するためには鋭い感覚をもつことが大切だ。

指導する側にまわったときは、自分の感覚や常識とか基本とかといわれていることを、一度は疑ってみることが大事なのである。これは野球だけではなく、ビジネスについてもいえると思うのだがどうだろうか。

第5章 チーム・コーチングが「個」を生かす

――チームを伸ばすメンタル・コーチング

「チームのため」を考えない部下は自分も伸びない

チームとして戦っていく場合、そこに「チームのため」なのか、「個人のため」なのかという問題が必ず出てくるものである。

たとえば、いくら実績のあるベテラン打者でも、三打席連続三振していて、相手のピッチャーも代わらないという状況では、今日は状態が悪いから代打を立てようと考えるのが常套手段である。

ところが、そこで代えられた選手がどんな態度をとるか。そこに、その選手の器量が表れる。

なかには「ふざけんな、俺を代えやがって」とヘルメットを投げつけて、悔しさむき出しのパフォーマンスを示す選手もいる。一見、監督やコーチに媚を売らないで、勇ましくもみえるが、実はこれこそが「個人プレー」なのである。

それをみて、代打に出た選手はどんな気持ちになるだろうか。

「先輩、ここは私に任せてください。打ってきますよ」という気持ちにはなりにくい。反対に、「三振したらどうしよう。何を言われるかわからない」という空気になって十中八九萎縮してしまう。それではヒットが出るわけがない。

このように、自分のことだけしか考えない選手は、その選手がいかに個人的に力をもっていても、チームにとってはマイナスにしか働かない。

プロの選手で代えられて悔しくない人など、いるわけがない。しかし、その気持ちをぐっと飲み込んで、「よし、ここはお前に任せたぞ」と言える選手になることができるかどうかである。

また、それができる選手であれば、たとえベテランになって試合には出られなくなっても、別のかたちで組織にとって必要な人材になりうる。

たしかに、プロ野球選手は皆、個人事業主である。だから、「自分の業績さえ上げておけばいい。自分の業績を上げることが、チームのためになる」という考え方になりがちなのも無理からぬ面もある。

しかし、自分の成績のために発揮できるエネルギーというのは、思っている以上に小さいものなのである。そこをわかっていない選手が実に多い。

反対に、「チーム」の優勝というその一瞬の喜びを味わうために、選手たちは自分がもっている以上の力を出すものなのである。念願の優勝を果たして、ビールをかけ合う、抱き合ってはしゃぎまわる、これこそがチームスポーツの魅力を最大限に享受できる瞬間なのだ。

要するに、チームあってのスポーツなのである。言い換えれば、チームメイトの期待を背負って「俺に任せとけ」という気持ちで打つのと、「俺だけはヒット打って稼ぐぞ」というのでは、人間、どちらが力をより多く発揮できるかということである。

個人ががんばれば、チームがよくなるのではなくて、チームのためにがんばることこそが、個人の成績も伸ばしていくということ。この逆転の発想が大切なのである。

その「チームの勝利最優先」の精神を徹底して貫いたのが、あの新庄剛志だった。

彼は、自分が三振しても、チームが勝てば、素直に喜べる選手だった。

実は会う前は単なる「目立ちたがり屋」なのではないかと思っていたのだが、実際に会ってみるとまったくちがった。つねにチームの勝利、ファンに喜んでもらえることを最優先にする選手だった。

そうはいっても、彼に「チームの雰囲気を盛り上げるために『かぶりもの』をしていいですか」と最初に相談を受けたときは、正直「困ったな」と思った。前例のないことなので、喜んでくれる人もいれば、そうでない人もいるにちがいない。

悩みに悩んだ末、ヒルマン監督にいきさつを説明し、最終的にOKを出した。日ごろの新庄の、まずチームの勝利を最優先する、そして、何よりファンに喜んでもらいたい、という野球に対するスタンスがよくわかっていたからである。

実際に、彼の思惑はあたり、その前にサヨナラ負けを喫していたチームの雰囲気は「かぶりもの」効果で見事に覆り、その後も「かぶりもの」をした試合は、高確率で勝利をおさめるようになっていった。

ファイターズが日本一になったのは、このように選手一人ひとりが「チームのため」という気持ちを優先させたこと、そして、その方向性のもとにチーム全体で取り組んできたことが、大きく貢献しているといえるだろう。

若手とベテランの融合が大きな力を生む

二五年ぶりのリーグ優勝、そして四四年ぶりの日本一、またアジアシリーズでもチャンピオンに輝き、アジアナンバー1の称号をファイターズが獲得できたもうひとつの大きな要因が、若手とベテランの融合である。

投手でいえば、プレーオフ、日本シリーズで開幕投手を務め、一二勝をあげたダルビッシュは、まだ二〇歳。八木、武田勝のエース格もみな若い。

野手に目を移しても、二軍から育ってきたキャッチャーの鶴岡、高橋、内野手の田中賢介、木元、そして、新庄から背番号1を譲り受けることになる外野手の森本ら、若い選手が確実に力をつけてきていた。

これらの若手に、小笠原や新庄、稲葉などのベテランが、非常にうまく絡み、結果的にチームが一丸となって戦うことができたのが、優勝の大きな一因だった。

たとえばベテランが多いと、あまりにも世間の波風を知りすぎていて、諦めムードになることがある。そんなときは、こわいもの知らずの若手が粘る。

その結果、われわれのチームは、どんな状況になっても決して諦めない、必ず勝つチャンスがあるという空気を、つねに九回裏までもち続けることができた。

反対に、若い選手ばかりだと、ピンチになったときに動揺し、チームがうまく機能しなくなるときがある。そんなときはベテランの出番である。海千山千の経験を発揮して、チームを救ってくれたことが何度もあった。

若手の勢いとベテランの経験。これをバランスよく融合させたとき、どんな組織においても、非常に機能的な集団ができあがるものである。

それを単なる形だけの融合でなく、気持ちの上でも融合させ、本当の意味で一丸となったときこそ、チームは全体としてすばらしい力を発揮するのだ。

練習ではライバル、本番では応援し合う仲に

一つのチームには、レギュラーもいれば代打要員や守備固めの選手もいる。

プロ野球というのは、チームが勝っても、自分の成績が悪ければ給料が下がる世界だから、その選手間の競争に激しいものがあるのは当然のことである。

前にも書いたが、試合で起用されなかったり、自分の代わりに代打を立てられたりしたときの悔しい気持ちは、どんな選手も皆もっているものである。

でも、だからといって、「あいつが怪我したら、俺が試合に出られる」とか「あいつは俺が怪我するのを待っているのだろう」というネガティブな考え方をする選手は、エネルギーを発揮する方向を間違えていると言わざるをえない。

また、こんなレベルの低い選手たちの集団では、試合に勝てっこないのである。野球の選手は、力が落ちてきたときに、必ず試合に出られなくなるときがくるという宿命を背負っている。そこでベテランが、「ふざけんな。あんなやつ使って。なんで俺を使わないんだ」と言ったら、その年でクビになると思ったほうがいい。

つらいのは当然だが、そのときがきたらベテランとして、若手に自分の経験をきちんと伝えることができ、そして「さあ、思い切っていけよ」とチームメイトを気持ちよく励ますことができる選手――。チームが必要としているのは、こんな人間なのである。

またこういう選手は、引退してもプロ野球界に残ることができるだろうし、指導者としてもやっていける資質を備えているものなのだ。

実は、このことを若いうちから教育していくのもコーチングのひとつで、成功する者と失敗する者の選択肢を提示して、正しい方向を気づかせる「モデリング」とか「ミラーリング」と呼ばれる手法である。

たとえば、「同じくらいの実力の選手がいて、どちらも試合に出られないとき、一人はふてくされて、もう一人は自分の足りないところはどこだろうと考えている。そんな場合、おまえが監督だったら、次の試合にどっちの選手を使う」と選手にたずねてみれば、どんなことが自分にプラスになるのか、一目瞭然にわかるものである。

このようにして、エネルギーを使う正しい方向を若い人たちに示すことは、野球の世界に限らず大切なことなのではないか。

抜擢された人を妬んだり、その人の失敗を望んだりしても、「今日、雨が降ったらいいのに」と思うのと同じで、自分ではどうにもならないことである。自らコントロールできないようなことに、エネルギーを消費するのは無駄というものだ。

むしろ、そんなエネルギーがあるなら、それを練習に回せ、と言いたい。

「あいつが何分練習しているから、俺はもっとやってやろう」「あいつが三割打ったから、自分は三割二分打とう」と、練習ではどこまでも貪欲であっていい。

練習の場は、徹底して「個」を磨く場であり、そこではチームメイトは切磋琢磨するライバルになるのである。

しかし、いったん試合がはじまったら、ライバル意識はなくして、自分のことよりもチームの勝利のために全力を尽くす。

このスイッチの切り替えが結果的に自分の価値を高めることを、すべての部下に叩き込めたとき、メンバー同士の力は相乗効果を発揮するはずである。

コーチ間、中間管理職同士のチームワークが大事

プロ野球のひとつのチームには、コーチが一〇人程度いて、その一〇人がそれぞれ自分の野球観というものをもっている。

それは当然だしすばらしいことだが、その一〇通りの考えを全部一人の選手に言ったら、選手はいったいどうなるだろう。

たとえばバッティングひとつにしても、Aのコーチが「腰を回したら打てるようになる」と言う。次にBのコーチが「体重を後ろに残せ」。Cのコーチは「上からバット出せ」。Dは「右足に体重を残したらダメだ」と言う。これでは、選手はどの人の言うことを聞いたらいいのか迷ってしまう。

コーチというのは、「俺が誰々を育てた」ということを自分の手柄としたいものだ。だから、つい、自分のやり方を教えてしまう。しかし、それが正しいかどうかはわからない。しかも、それをどのコーチもやっていたとしたら。そんな組織では、育

つ選手も育たなくなってしまう。

そんなことをなくすために、二〇〇一年から二軍に導入したのが、選手に教える前に行なうコーチ間の意思統一だ。

選手一人ひとりについて、コーチたちが統一した見解をもっていれば、選手に対するアプローチは決してぶれることがない。そのために必要な各選手への共通認識を、コーチの間でもつことからはじめたのである。

そこで重要になってきたのが、コーチたちの間での綿密な意見交換やディスカッションである。練習の前に一時間、終わってから二、三時間になることも珍しくなかったが、コーチ同士の議論に、それだけの時間をかける別のメリットを発見できたのも大きな収穫だった。

自分が知らない情報を、別のコーチが知っている。また、他のコーチの理論、考え方を学ぶチャンスでもあった。

このように、コーチ同士のミーティングは、指導者の能力アップ・スキルアップにもつながったのである。

コーチの職務も、自分の経験だけで教えて自己満足しているレベルから、組織の一員として、一貫した指導を担う内容へと変わっていった。

そして、このコーチ・ミーティング導入で、もっとも恩恵を受けたのは、何といっても選手たちだった。

担当コーチが、「左のわきを締めていくことがおまえの最優先課題だ」と伝えれば、Bコーチは「左わきが締まってきて、スウィングがよくなってきたよ」、Cコーチは「そのスウィングなら、絶対打てるよ」と、コーチ全員が「左わき」改善を意識して声をかけていくので、選手も迷わず目標に向かっていけるのである。

このように、コーチ間のやりとりが多くなるにつれて、重要性を増してきたのが、情報の共有化だった。

これまで選手の指導記録は、コーチが練習中につけるメモだけに頼っていた。

ところが、どのコーチもずっとその球団にいるとは限らない。よそのチームに移ることもある。そんなとき、そのコーチによって保管されていた指導記録は球団から永久に失われてしまっていた。

それを防ごうと導入したのが、パソコンによる管理だった。

実は一二球団で、監督、コーチ全員がパソコンを使えるのは、それほど多くないと思う。そうした中での試みであったので、最初はみんなブラインドタッチができず、一度手書きで文章にしたものを打ち込んでいたようだ。

「寝る時間がない」と、コーチたちからもずいぶん文句を言われたものである。

しかし、いったん慣れてしまうと、もうパソコンなしの管理は考えられなくなった。保存をはじめた六年前からの記録は、すべて共有化され、誰もがいつでも引き出すことができる。

今ではこの共有化データが、コーチ・ミーティングの根幹を担い、コーチ、管理職間のチームワークを築く重要なツールとなっている。

「日本人らしさ」は、どんな仕事でも生きる

はっきりいって野球は、技術で勝負するスポーツである。単に、心肺能力や筋が高いとか、柔軟性があるからといって、勝てるスポーツではない。

このことを裏返していえば、大型選手の多い外国でも、野球だったら大いに日本人が通用する可能性がある。

実際に、日本のピッチャーはアメリカに行って大活躍しているが、アメリカから日本にきている3Aクラスのピッチャーは、ほとんど通用しない。これは、日本のピッチャーの能力やレベルの高さを表している。

野手でも、イチロー選手はメジャーで首位打者になった。ホームラン数になると、パワーが関係してくるので、松井選手クラスでも数が減ったが、打率では城島選手や井口選手も、ほとんど日本にいたころと同じくらいの成績を残している。

つまり、技術力を磨けば、日本人でも十分にメジャーでやっていくことができるということだ。

そして、その技術を支えているのが、日本人がもつ細やかさではないだろうか。日本人の観察力や分析力は、キメ細かく的確だ。これが効果的に働き、結果としてメジャーでも十分にやっていける選手となっているのではないかと思う。

また、対人関係での日本人らしい気配りも、チームワークが要求される野球において、かなりプラスに働いていると思われる。

そして、やはり彼らの一番優れているところは、日本人最大の美徳ともいえる勤勉さ、努力を惜しまないということだ。

それがあるから、細かく観察・分析して得たことを、実際に勝負の場で生かすことができる。すべての勝負の源は、ここにあると言っても過言ではない。

野球に限らず、どんな仕事においても、この日本人のもつ気質を生かせば、必ず世界の先頭に立つことができるはずである。

自分でもつ「自信」と「うぬぼれ」はちがう

昔から、野球選手には個性の強い人が多かったが、最近の若い選手のいろいろなタイプには改めて驚かされる。

なかには、根拠のない自信、薄っぺらな自信をもって、自分は「いざとなったらできる」と思い込んでいるような選手もいる。

そんな選手は生意気でうぬぼれがあり、指導しにくい一面があるが、その一方で、萎縮しない、余裕につながる「遊び」をもっているようなタイプも多い。組織としては、こういう選手をうまく生かすことも考える必要がある。

というのは、チーム全員がきっちりと生真面目な人間ばかりだと、強いときは強いけれど、ちょっと雲行きがおかしくなってきたときに、全員がガタガタと崩れてしまうようなことになりかねないからだ。

そんなとき、プレッシャーに強く、ガチガチにならず、どこかに遊びとかゆとりをもったタイプの選手が、意外にもチームを救うようなことがある。

生意気な選手、真面目な選手、どちらのタイプも組織には必要なのである。

だからといって、彼らのうぬぼれをそのままにしておくわけにはいかない。そういう選手は、究極のプレッシャーの中では失敗する確率が高いものなのだ。

そもそもうぬぼれというのは、根拠がない自信をもつことである。それは練習に裏づけされた、本当の自信ではない。だから、成功しても、それはフロックなのであって、大事な仕事はとても任せられない。

さらに、その選手が主力になって、チームを引っ張っていけるかどうかとなると、これは絶対に不可能である。なぜかというと、チームメイトたちは、その選手がどんな態度で取り組んできたか、ずっと見てきている。リーダーにふさわしい人物かどうか、そこから判断するからである。

だからこそ、こんな選手にこそ教育が必要なのである。私たち中間管理職としてのコーチの仕事は、そんなうぬぼれや薄っぺらな自信をもってうかれている選手に、練習を積み重ねることの大切さをきっちり気づかせることである。

納得がいくまで練習をして、そこではじめて「俺は絶対にできる」という本当の自信が生まれる。自信をもつということは、練習をはじめとするいろいろな裏づけの上に、どんなときでも自分の力を信じられるようになることだろう。

人に負けない練習量や態度で、彼らの根拠のない自信を、本物の自信に変え、大事な仕事も任せられる選手に、真のリーダーとなれる選手に、育ってほしい。これが、私たち指導者たちがつねに願うところなのである。

誰でも自分で決めたことならがんばれる

自分の経験からいっても、もともと練習というものは、人から言われてやるものではない。

大学時代、私の一年上の先輩とレギュラー争いをしていたときの話である。

合宿では、夜、部員たち全員で素振りをするのが慣例になっていた。時間にして、一五分かせいぜい三〇分というところの軽い習慣だ。

ところが、そのときは、ポジション争いをしているその先輩よりは、絶対に早く切りあげたくなかった。その先輩より一分でも長くバットを振ろうと思い、まわりがやめてもずっとバットを振り続けていた。

すると、先輩も同じことを考えていたらしく、やはり、いつまでもやめようとしない。結局、二人で四、五時間も素振りをすることになってしまった。

もともと練習量では人に負けないという自負をもっていたが、あのときは特別だった。あれだけの素振りを人に言われてやることはとてもできなかったと思う。絶対に負けないという、強い信念とやる気をもったから、あんな超人的なことができたのだろう。

チームの中に、ひとり練習好きがいると、全体の雰囲気がガラッと変わるものである。大学では、一年のころから率先して練習をしていたが、最初はついてくるものもなく、ひとりで黙々とやっていた。

そのうち、下級生の中からだんだんと一緒にやるものも出てきて、気がついたら全員が一緒に練習するようになっていた。

結果的にものすごく練習するチームになっていて、練習量では厳しいと定評のある太田誠監督も、午前中だけみて、「あとはおまえら自分でやっとけ」というほどだった。

「やれ」と言われてやるのでないから、やらされる練習もより主体的になる。自分の課題は自分でわかるわけだから、そこを重点的に練習する。だから、自主的にやる練習は、成果も早く表れるのだ。

また、自主的に練習していく過程で、リーダーが増えていくのも、チームにとっては大きな収穫といえた。ピッチャーならピッチャーでのまとめ役、野手なら野手のまとめ役、そういう役割の人間が自然と出てくる。この効果も組織としては、見逃せないポイントである。

チーム内でのルールにしても、同じことがいえると思う。

これも大学時代の話だが、野球部でもお決まりの「禁煙」が掲げられていた。とはいうものの、実際はあってないようなもので、みんな平気でタバコを吸っていた。

しかし、自分がキャプテンになったときは、この慣例を一掃して、自主的にきちんと守るようにしたかった。「ルールを守れないなら、たとえ四年生でも合宿所を出て行ってくれ」と部員たちの前で大見得を切った。

それでも、事件はおきた。よりによって、私と一番仲のいい同級生であり理解者だった者が部屋（自室）で喫煙したことがわかった。「おまえがなんで……」という気持ちだったが、それをグッとおさえて、「今日は絶対許さん」と、前記もあるが部員全員の前で殴った。それはみているものがビビるほどのすさまじいものだった。

しかし、その後すぐに彼のところにいって、「悪かった。お前だったらわかってくれると思って」と言って謝った。すると彼は逆に、「いや、悪いのは俺のほうだ。ごめん」と涙を流して謝ってくれた。このことで、チームの結束は強くなったと思う。その同級生もより協力的になり、彼は今でも私の心からの親友である。「ここからは絶対に許さん」という線引きは指導者にとって絶対に必要である。

太田監督は、一見軍隊のように厳しく、自主性とはかけ離れたチームづくりをしているようにみえたが、実際はそうではなかった。

まず、言葉や態度に、心にずしんと響いてくるものがあった。ただ野球がうまくなるためにやっているのではない、もっと大きな、人間性を高める生き方にもつながってくるようなものが、監督からは感じられた。

そこに部員は惹かれていた。だからこそ、率先して練習に励んだのだと思う。率先して自主的に何かをするというのは、言われてやる場合の何倍も強いモチベーションが必要である。

とくに組織全体で取り組む場合には、リーダーに部下の気持ちを無理なく鼓舞する、人格的な影響力とでもいえるものがないと続かない。

部下の気持ちを鼓舞する人間的な力――。太田監督からは強くそれが感じられた。そしてそれは後々までも、心に訴えてくるような愛情として私たちの心に残っている。

いってみれば、これこそが究極のメンタル・コーチングだと思った。

本質さえわかっていれば過剰な自信も悪くない

新庄がファイターズに入団したときは、「新庄って扱いづらそうですね」とみんなに言われた。ところが、私ははなから、彼を「扱う」つもりなどなかった。

彼の個性、実績をみて、一番力を出せる環境をつくってあげたい、そう思っていただけだった。だから、従来の日本のチームのように、規律正しい枠にはめて管理しようとは考えなかったのである。

またそれは、ファイターズで自主性のあるチームづくりを目指していた考え方と相容れないものではなかった。

球団も、新庄の人気と個性の強さに惹かれたからこそ、彼を獲得したのであって、そこをどう生かしていくかが、むしろ大きな課題だったのである。

もし、新庄が他の旧体質のチームにいっていたら、はたしてあのパフォーマンスが生まれただろうか。

ただし、誤解のないように繰り返しておく。

彼に「かぶりもの」をはじめとするパフォーマンスを許したのは、新庄という選手がただの目立ちたがり屋ではなく、チームの雰囲気を盛り上げるため、ファンを喜ばせるためにやっているのがわかっていたからである。

他の選手が、新庄と同じことをやりたいと言っても、許すかどうか、またできるかどうかである。新庄の場合は、実績もあり、本質もわかっていたから、その個性を遺憾なく発揮させることを許せたのだと思う。

個性ということでいえば、野球の選手にもいろいろな性格がある。

野球は勝負事だから、プレッシャーに強いということが、大きなアドバンテージになるのは当然だ。責任感で萎縮してしまうような選手だと、いいところで打順がまわってきても、ヒットを打つことはできない。

意外と生真面目な性格の選手に、こんなタイプが多い。

反対に、責任感が全然プレッシャーにならない性格の選手もいる。むしろ、責任感がないからプレッシャーを感じないのかもしれない。

しかし、こんな選手は、萎縮することを知らないので、あんがい大きな仕事をすることがある。

だから、プレッシャーに強い、いいところは残しながら、責任感だけをもたせるように指導していくようにしている。

選手の個性を見極めることは、私たちコーチの仕事のひとつである。

そしてチームにプラスになると判断したときは、それを最大限に伸ばすように努力するだけである。

今、新庄に続こうと、若手が張り切ってやっている。大切なのは、何をやっても本質を忘れてはいけないということである。

「チームの勝利のため」「ファンを喜ばせるため」。

その本質さえわきまえていれば、「俺だってできるんだ」という多少過剰な自信をもつことも、決して悪いことではないのである。

ミスした仲間への励ましはチームワークの源

選手が大きなミスをしたときには、どうフォローしたらいいか。

いろいろなことが言われているが、結局は、励ますこと以外にはない。

「気持ちを切り替えていけよ」「ドンマイ、ドンマイ」。何でもいい。簡単な言葉で励まして、カーッと頭に血が上っているのを冷やし、萎縮している選手に自信を回復させる必要がある。

ミスした後は萎縮して、ミスがミスを呼ぶ。だから、「ミスした後ほど積極的にプレーしよう」と呼びかける。

試合中は、「かかとに体重が乗っているから」などと細かく技術的なことを言っても、選手の耳に入っていかない。とにかく励まして励まして、ミスした選手の気持ちをポジティブにもっていくのが、私たち指導者の仕事である。

最近、われわれのチームでは、コーチだけでなく、選手同士の励ましができるようになってきた。エラーして帰ってきた仲間に、「大丈夫、次は思い切っていけよ」と、そんな雰囲気ができあがってきた。すると、ミスしたほうも、「すみません。次には絶対取り返します」と元気に応じる。

ここで、今までと全然ちがう展開になってくる。

ふつうなら、エラーが出ると、ベンチの雰囲は悪くなり、気まずい空気が流れる。エラーした選手は、仲間が自分のことをどう思っているのかが気になる。

ところがエラーした選手に、チームメイトたちが声をかけると、雰囲気が一転する。しかも、エラーした選手だけでなく、ほかの選手たちも非常に前向きにプレーするようになる。

今までは、前の回にエラーして、「今度ボールが飛んできたらどうしよう。飛んでこないでくれ」などと思っているマイナスの気持ちが、あっという間に他の八人に伝染したものだ。

しかし、今では、「エラーの分は絶対取り返すぞ。さあ、俺のところに飛んでこい」というプラスの気持ちが、他のメンバーにも伝染する。

励ますことひとつにしても、コーチ任せではなく、選手も一緒になってやる。

これが、チーム全体に活気を与える鍵、つまりチームワークの源であり、メンタル・コーチングのたどり着くひとつの大きな成果であると思っている。

あとがき

この本を書き終えた今、当の私自身が誰よりも気づきを得たと感じている。指導者としてのあるべき姿が再確認できたからだ。

選手が、そして組織が成長するかどうかは、選手自身が、そして組織全体が成長を目指しているかどうかであり、それぞれが成長のために全力を尽くすことができるかどうかがポイントである。

その成長をサポートする指導者として、組織の一員として最もやる気をもつべきは私自身であることにあらためて気づいたのである。選手のやる気を引き出すには、選手以上に自らがやる気に満ちあふれ、誰よりも全力をつくす存在でなければならないことに、だ。

二〇〇一年、ファイターズの二軍監督に就任した年のことだ。昨年チームの優勝に大きく貢献し、ベストナインやゴールデングラブ賞などのタイトルを獲得した田中賢介選手にある質問をされた。

それは、「全力って何ですか」という質問であった。当時の彼にもっとも不足していた部分であり、私が彼にもっとも求めていたものこそ、全力を出してほしい、ということだった。そのため、彼には「全力を出せ」としつこいくらい言い続けていた。

しかし改善するどころか、ますます全力を出さなくなっていた時期に、「全力って何ですか」と思いもよらない質問をされた。その時はじめて、いつも使っていた全力という言葉の意味を真剣に考えた。

だがその時は、「もてる力を出し切ること」「力の限りがんばること」とわかったような、わからないような答えしかできなかった。

それ以来、全力の意味についていつも考えるようになった。そうすると「全力」＝「身体を動かすことに対しての全力」だけでなく、「考え方」「心の持ち方」にも全力があり、そしてことをおこす前の「準備」にも全力で備える必要があることに気がついた。

そこで、選手の身体を動かそうとすればするほど動かさなくなる身体へのアプローチをやめ、選手の思考を動かすアプローチをしてみることにした。それが励ましであり、質問であり、聞くことであった。身体を動かすことから、心を動かすことにアプローチを変えたことが、すべてのスタートだった。

「メンタル・コーチング」は造語であるが、メンタル・トレーニング、そしてコーチングとともに、心をいかに動かすことができるかどうかという意味では、切っても切り離せない関係である。

その「メンタル・コーチング」の実践の中から、田中賢介選手をはじめ、成長してきた選手たちが、四四年ぶりの日本一に貢献したことは感慨深い。

重要なことはメンタル・トレーニングやコーチングのテクニックだけでなく、指導者自らが、選手以上に選手の成長を願い、組織の成長を願う強い気持ちを持ち続け、やる気に満ちあふれ、全力を尽くす存在でなければならないということである。

私にメンタル・トレーニングの重要性を教えてくださった福島大学の白石豊先生、そして駒澤大学時代に厳しくも心に響く指導をしていただいた太田誠監督。二人の恩師から受けた影響は極めて大きいものです。この場をかりてあらためて御礼申し上げます。

また、私の経験だけで述べてきた「メンタル・コーチング」という考え方が、読者の方々にとって、ほんの少しでも参考になれば、これ以上の幸せはありません。

二〇〇七年三月

白井　一幸

【著者略歴】

白井　一幸（しらい　かずゆき）

元・北海道日本ハムファイターズ、ヘッドコーチ。

1961年香川県生まれ。香川県立志度商業高校（現・志度高校）、駒澤大学を卒業後、1983年ドラフト1位で日本ハムファイターズ入団。

1991年には自身最高の打率.311でリーグ3位、最高出塁率とカムバック賞を受賞した。1997年から日本ハムファイターズの球団職員となり、ニューヨーク・ヤンキースへコーチ留学。この頃、現監督のトレイ・ヒルマンと知り合う。2000年に二軍総合コーチ、2001年に二軍監督を経て2003年からヘッドコーチとなる。2007年シーズン終了とともに退団。トレイ・ヒルマン監督がもっとも信頼していたコーチの一人。

メンタル・コーチング
潜在能力を最高に発揮させるたったひとつの方法

2007年4月18日　第1版第1刷発行
2009年1月28日　第1版第5刷発行

著者　白井一幸
発行者　江口克彦
発行所　PHP研究所
東京本部　〒102-8331　千代田区三番町3番地10
ビジネス出版部　☎03-3239-6257（編集）
普及一部　☎03-3239-6233（販売）
京都本部　〒601-8411　京都市南区西九条北ノ内町11
PHP INTERFACE　http://www.php.co.jp/
組版　朝日メディアインターナショナル株式会社
印刷所
製本所　凸版印刷株式会社

ISBN978-4-569-69172-5

ＰＨＰの本

成長法則

ひとつ上の自分に出会う３つのステップ

小田真嘉　著

成長、それは世界にたったひとつだけの
「マイ・ストーリー」を紡ぐということ。
幸せに成功するための成長ステップをわかりやすく解説。

定価一、二六〇円
（本体一、二〇〇円）
税五％